COUNTRY REPORT

ON

几内亚比绍国情报告

THE REPUBLIC OF
GUINEA-BISSAU

叶桂平　王　心　编著

社会科学文献出版社
SOCIAL SCIENCES ACADEMIC PRESS (CHINA)

序

陈明金

几内亚比绍共和国驻澳门名誉领事

　　2019 年，澳门城市大学葡语国家研究院在澳门特区政府高等教育局和高等教育基金的资助下，承担和组织开展了专项的葡语国家国别研究，并与内地著名的社会科学文献出版社携手合作，率先出版《几内亚比绍国情报告》一书，标志着该院作为本地区特色鲜明的国别和区域研究培育基地和智库平台的功能更加突出和完备。

　　几内亚比绍共和国是重要的葡语国家之一，林业和渔业等自然资源丰富，与我国的友谊源远流长。近年来，中国和几内亚比绍共和国政治互信日益提高，在农业、基础设施建设、医疗卫生等领域的合作也更加密切。与此同时，国家明确赋予澳门"中国与葡语国家商贸合作服务平台"的发展定位以及推动中葡文化交流的功能。几内亚比绍共和国作为中葡经贸合作论坛成员国，也是推进"一带一路"倡议的重要一环，双方加强交流合作顺应时代潮流，符合互利共赢的要求，前景广阔。

　　作为几内亚比绍共和国驻澳门名誉领事，我一向积极支持中国与几内亚比绍共和国在经济、教育、旅游、文化等各领域的交流合作和人员往来，非常希望充分利用自身优势，发挥澳门平台和桥梁作用，推动完善几内亚比绍共和国与我国的合作机制，持续深化我国和几内亚比绍共和国的双边合作，不断开创两国关系新局面。

2018年9月初，国家主席习近平于中非合作论坛北京峰会开幕式上的主旨讲话中表示，要携手构建责任共担、合作共赢、幸福共享、文化共兴、安全共筑、和谐共生的中非命运共同体，为推动构建人类命运共同体树立典范。随后，习主席在会见几内亚比绍共和国总统瓦斯时，提到要用好中非合作论坛和中葡经贸合作论坛两个平台，将两国友好转化为更多合作成果。再者，"一带一路"倡议和粤港澳大湾区建设的不断推进也对葡语国家研究，特别是中国与葡语国家关系研究、葡语国家发展专题研究提出了新的要求。

令人欣慰的是，本书的问世促进了澳门学界对几内亚比绍共和国的研究，在一定程度上更凸显出研究团队过硬的学术功底。这份研究重点阐述几内亚比绍共和国与中国在政治、经济以及其他方面的合作与发展，以及澳门在中国与几内亚比绍共和国经贸合作中的重要作用，同时全面剖析几内亚比绍共和国社会现况，能有效促进读者对几内亚比绍共和国发展现状和存在的问题建立起更加深刻的认识，相信对推动中国与几内亚比绍共和国及其他葡语国家关系的发展也大有裨益。

本书是一个好的开头，期望叶桂平教授带领的科研团队能在现有亚非葡语国家研究的基础上，开拓更为广阔的葡语国家研究领域，产出高价值、有分量的研究成果，形成更高端优质的科研智库平台品牌，从而为澳门打造中葡平台、参建粤港澳大湾区等提供具有前瞻性、针对性和操作性的政策建议，为澳门社会经济的发展和繁荣稳定做出贡献，进而为国家发展大局献计献策。

2020年1月21日

自　序

　　随着世界经济全球化的发展，几内亚比绍共和国的社会经济发展顺应时代潮流，与世界经济交织在一起；中国作为世界第二大经济体、第一大工业国，也积极参与经济全球化的进程，加强与世界各国的合作与交流。2018年葡语国家与中国的合作取得丰硕成果，2019年葡语国家在众多领域寻求合作伙伴，加强互联互通，与中国开展深入的经贸合作，中国与葡语国家之间的关系日益密切。自"一带一路"倡议提出以来，中国开放了发展理念，加快了开放步伐，更加推进了中国与葡语国家的经贸合作，在此背景下，澳门城市大学开展了"葡语国家国别研究：几内亚比绍的国情及对外关系研究"项目。

　　本书由澳门特别行政区政府高等教育基金资助，由澳门城市大学葡语国家研究院承担写作任务。首先，由衷地感谢澳门特别行政区政府高等教育基金对本项目的大力支持。其次，感谢澳门城市大学研究助理李威朗、申丽霞、陆炎、莫晓雪、刘心宇、刘至省、庞雨荷、周全、郭潇蔚，他们在资料整理、数据收集、文献翻译、报告撰写等方面付出了许多努力。在此，也非常感谢社会科学文献出版社的张萍编辑和参与本书工作的各位从审稿、校阅、修订到出版一路给予的专业建议和大力帮助。同时还要感谢澳门城市大学澳门社会经济发展研究中心的肖明玉等研究人员对本书出版工作的贡献和支持。

1

　　本书从历史、政治、经济、社会、文化、教育等多方面深入研究几内亚比绍共和国的国情，并且介绍几内亚比绍共和国与其他葡语国家、周边邻国、美国、法国等的对外关系。此外，本书重点阐述了几内亚比绍共和国与中国在政治、经济以及其他方面的合作与发展，以及澳门在中国与几内亚比绍共和国经贸合作中的重要作用，同时详细深入地分析了更真切的几内亚比绍共和国社会现况，以期帮助读者详细了解几内亚比绍共和国发展现状和存在的问题，及其与中国的外交关系和发展前景。

叶桂平

澳门城市大学协理副校长、教授

2020 年 1 月

目　录

第一章
几内亚比绍的基本概况

几内亚比绍共和国（The Republic of Guinea-Bissau，República da Guiné-Bissau），简称几内亚比绍，曾是葡萄牙殖民地，1446 年至 1974 年 9 月 10 日被称为葡属几内亚（Portuguese Guinea）。几内亚比绍人口总量为 183.43 万人，[①] 人口集中在首都比绍和其他大中型城市，是世界上最不发达国家之一。

第一节　基本情况介绍

一　国土面积

几内亚比绍总面积为 36125 平方千米，[②] 其中陆地面积 28000 平方千米，陆境线长 705 千米；海域面积 8120 平方千米，海岸线长约 300 千米，有 60 多个岛屿。几内亚比绍东部为热带草原，地

---

① "The World Factbook—Guinea – Bissau"，https://www.cia.gov/library/publications/resources/the-world-factbook/geos/pu.html，最后访问日期：2019 年 11 月 15 日。

② 《几内亚比绍国家概况》，中华人民共和国外交部网站，https://www.fmprc.gov.cn/web/gjhdq_676201/gj_676203/fz_677316/1206_677752/1206x0_677754/? from = singlemessage&isappinstalled = 0，最后访问日期：2019 年 11 月 15 日。

1

势较高；大部分地区是海岸平原，沿海地区海拔为 4 米左右，面积约占全国的一半。

二 地理位置

几内亚比绍地处东经 13°38′~16°43′，北纬 10°57′~12°40′，地势东北高西南低，东南为丘陵地带，其中博埃山海拔 300 米，为全境最高点，西南是沿海平原，平均海拔仅为 4 米。几内亚比绍位于非洲西部的大西洋沿岸，北邻塞内加尔，东、南邻几内亚，西邻大西洋。几内亚比绍属于零时区，比北京晚八小时，没有实行夏令时。全国共有 8 个省和 1 个自治区（比绍），下辖 36 个县。比绍（Bissau）是全国最大城市，8 个省包括巴法塔（Bafata）、加布（Gabu）、比翁博（Biombo）、博拉马（Bolama）、卡谢乌（Cacheu）、奥约（Oio）、吉纳拉（Quinana）、通巴里（Tombali）。

比绍是几内亚比绍的首都，面积 78 平方千米，人口约 60 万人，[①] 是单独自治区、全国第一大城市，也是政治、经济和文化中心。比绍濒临大西洋，位于西部热巴河出口处，全国 80% 以上的工业集中于此，有榨油、碾米、锯木等小型工业；比绍国际机场可起降大型飞机，其港口可停泊万吨级轮船。

三 气候特征

几内亚比绍气候根据地区有所不同。沿海地区为热带海洋性季风气候，通常炎热潮湿；内陆则为典型的热带草原气候。几内

[①] 《几内亚比绍概况》，中华人民共和国驻几内亚比绍共和国大使馆经济商务处网站，http://gw. mofcom. gov. cn/article/ddgk/zwcity/201905/20190502863802. shtml，最后访问日期：2019 年 11 月 16 日。

亚比绍由于受到撒哈拉沙漠和南大西洋气候群来回移动的影响，全年分为旱雨两季，每年5月至10月为雨季，高温潮湿，西南风盛行；11月至第二年4月为旱季，干燥少雨，东北哈马丹风盛行。年均气温为27℃，日最高气温39℃，最低气温12℃。年均降水量从北往南为1500~3000毫米不等，沿海地区的降水量大大超过内陆地区，其中7月、8月、9月的降水量占全年的比重较大。几内亚比绍经常发生洪涝和海水倒灌（也称为海潮），以及因此导致的土壤盐碱化，受海潮影响的陆地面积达4000多平方千米。由于地处撒哈拉沙漠南端，地势又较低，近年来几内亚比绍日益受到撒哈拉地区干旱的影响，蒸发量逐渐增加，尤其在北部蒸发量已超过降水量。

四 河流与湖泊

几内亚比绍有六条主要河流，分别为科鲁巴尔河（Corubal River）、热巴河（Geba River）、卡谢乌河（Cacheu River）、曼索阿河（Mansoa River）、布巴河（Buba River）和卡西内河（Cacine River）。内河注入大西洋，形成许多又深又宽的三角港湾以及成片的沼泽、湖泊，使沿海地区河流纵横、湖泊密布。内河弯曲，水深流缓，利于农业灌溉和通航，故几内亚比绍又有"热带水乡"的美称。热巴河由东北流向西南，贯穿全国，流经八个省中的五个，沿岸平原面积广阔、土地肥沃，适宜种植水稻。内陆地区通常为海拔200米以下的热带稀树草原与丘陵地带，遍布灌木、乔木。热巴河流域有大片土地未经开发，即使已经被开垦耕种的小块土地，每年也只能在雨季时收获。由于热巴河堤失修，雨季经常河水漫溢，致使稻田被淹、禾苗被冲，无法保证收成。

第二节　自然资源基本概述

几内亚比绍自然资源丰富，拥有大西洋最重要的渔场。几内亚比绍沿海大陆架长 160 千米，专属经济区 7 万多平方千米，拥有鳞鱼、对虾、龙虾、螃蟹和软体鱼等海产品，年捕捞量能达到 25 万 ~ 35 万吨。几内亚比绍森林覆盖率约 56%，木材蕴藏量为 4830 万立方米，具有商业开采价值和可供出口的木材有 17 种，林产品是继海产品之后的主要传统出口产品之一。[①] 几内亚比绍是典型的农业国，2017 年的数据显示，全国 85% 的人口以农业为生，主要农作物有水稻、腰果、木薯、花生、棉花等。同时，几内亚比绍拥有 3 万平方千米天然牧场，适合发展畜牧业。

一　矿产资源

几内亚比绍蕴藏着丰富的矿产资源，主要矿藏有铝矾土，储量约为 2 亿吨；磷酸盐，储量约为 1.1 亿吨；石油，储量约为 11 亿桶。[②] 据报道，几内亚比绍博埃（Boe）有铝土矿，但对它的采掘没有带来盈利。在卡谢乌和奥约，法国人发现了磷酸盐。几内亚比绍沿海可能蕴藏油气资源，但其与塞内加尔和几内亚这两个邻国在该部分上存在领土争议。从 20 世纪 70 年代开始，勘探工作

[①] 《几内亚比绍概况》，中华人民共和国驻几内亚比绍共和国大使馆经济商务处网站，http://gw.mofcom.gov.cn/article/ddgk/zwqihou/201205/20120508156467.shtml，最后访问日期：2019 年 11 月 17 日。

[②] 《几内亚比绍概况》，中华人民共和国驻几内亚比绍共和国大使馆经济商务处网站，http://gw.mofcom.gov.cn/article/ddgk/zwqihou/201205/20120508156467.shtml，最后访问日期：2019 年 11 月 17 日。

逐步展开，但由于国内经济条件有限、基础设施缺乏，加上政治局势动荡，这些矿产资源没有得到充分开发，目前仅有少量的采石场和手工作业的金矿。

20世纪70年代，通过科学考察得知，几内亚比绍的第五大县博埃县拥有较为丰富的铝土矿储量，但由于基础设施薄弱、资金缺乏，该县资源尚未得到充分开发。2007年，几内亚比绍和安哥拉政府签署了在几内亚比绍博埃县开采铝土矿的协议，其中包括在格兰德河上建设港口和修建连接开采地与港口的铁路。自2007年起，安哥拉铝土矿公司（Bauxite Angola）在几内亚比绍得到了多个铝土矿开采许可证，但由于2012年4月几内亚比绍发生军事政变，安哥拉铝土矿公司随即撤离几内亚比绍。同年11月底，一个石油和其他矿产采掘业工作组对博埃县进行访问，并举办关于在博埃县开采铝土矿对当地居民生活和生产的影响问题的研讨会。2014年9月，几内亚比绍自然资源部长戈麦斯宣布，安哥拉铝土矿公司将重启几内亚比绍项目，自然资源部与安哥拉铝土矿公司董事会对此进行协商，双方就几内亚比绍南部布巴深水港建设以及在博埃县开采铝土矿的具体事项达成共识。①

几内亚比绍与其他国家在石油勘探方面存在争议与合作。1985年，政府放宽有关石油、煤气业的限制，对沿海40多个地区的石油开采发放了许可证。从20世纪90年代开始，几内亚比绍政府陆续与美国、加拿大、几内亚、塞内加尔等国家签署协议并允许其在规定海域内进行石油开发。目前，在几内亚比绍海域进行石油勘探和开采的公司有班顿石油（Benton Oil）、埃索（Esso）、埃尔

---

① 乔旋、李广一编著《几内亚比绍》，社会科学文献出版社，2018，第90页。

夫（Elf）等著名的国际公司。2008 年 4 月，荷兰新能源公司与几内亚比绍自然资源部、国家石油开发公司等签署了该公司获得在几内亚比绍海域勘探开发石油特别权限的有关协定。2014 年 2 月，澳大利亚石油公司（Far Limited）发表声明称，该公司在几内亚比绍海岸外的测试井证明，在 2013 年底进行的油井勘探成功率较高。加上是在浅水区，勘探和开发相对较低的成本在商业上很有吸引力，因此该公司很有可能在几内亚比绍沿海以商业手段开采石油。① 2015 年 11 月 25 日，几内亚比绍国营石油公司（Petro Guin）在几内亚比绍发布公告称，该公司已与尼日利亚波特普拉斯公司（Portplus）签署两份在几内亚比绍海域进行石油勘探的协议，并最终将进行石油开采。②

二 海洋资源

几内亚比绍海域是非洲西北部传统渔场的一部分，拥有良好的发展海洋渔业的自然地理环境。几内亚比绍的海洋生态系统南至迦纳利流，西至几内亚湾流系，海况呈现明显的季节性变化。几内亚比绍海域气候炎热、潮湿，四季如夏，全年气候分为雨季和旱季。每年雨季，河流携带大量泥沙和营养物质入海，几内亚比绍沿海河口地带因此成为多种经济鱼虾索饵、栖息、产卵和洄游的良好场所。所以，其海洋资源丰富，鱼类较多。③

① 乔旋、李广一编著《几内亚比绍》，第 91 页。
② 《几比国营石油公司与尼日利亚 Portplus 签署共同勘探石油的协议》，中华人民共和国商务部网站，http://www.mofcom.gov.cn/article/i/jyjl/k/201511/20151101195389.shtml，最后访问日期：2019 年 11 月 18 日。
③ 朱国平、邹晓荣、许柳雄、朱江峰：《旱季几内亚比绍海域浮游动物的种类组成及其多样性》，《海洋水产研究》2008 年第 6 期，第 109 页。

几内亚比绍的渔业产值占国内生产总值的 3.3%，其国内的水产养殖业较薄弱。几内亚比绍海岸线长约 300 千米，海域受冷暖海水交流的影响，水温很适宜鱼类的生长和繁殖，加之又是多条内河的入海口，其海水内含诸多营养物质，因此，几内亚比绍的渔业资源很丰富，年可捕量 30 万~35 万吨。[①] 其中有鳞鱼约 20 万吨，头足类软体鱼约 0.2 万吨，对虾约 0.5 万吨，龙虾约 0.5 万吨，蟹类约 0.05 万吨。几内亚比绍海域有鱼类 170 多种，经常捕获的主要经济鱼有 50 种左右，包括鲍、花鲷、鳎、章鱼等。几内亚比绍年海洋捕捞量从 1980 年的不到 5000 吨增长到 2017 年的不到 7500 吨，其中 1980~2005 年呈波动增长，之后大体保持稳定状态。

从 20 世纪 70 年代末开始，几内亚比绍渔业得到了迅速的发展。但由于缺乏较先进的捕捞工具，当地的渔民大多手工捕鱼，水产品的产量不高。几内亚比绍政府对专属经济区范围内的海域制定了监管制度，对外国渔船进行严格管制，但发放一定数量的捕鱼许可证以营利。此外，几内亚比绍 20 世纪 80 年代开始与中国进行合作，至今已发展到拥有 21 艘渔船，以捕捞各种硬体鱼为主，产量稳定，取得了较好的经济效益。其中，与中国合作捕获的鱼类约有一半在市场上作为鲜鱼进行销售，另一半则被简单加工成熏鱼、微发酵产品、鱼干等鱼制品供应到几内亚比绍全国各地或邻国。此外，来自加纳和狮子山的商人也会将一些鱼类货物运往内陆，远至马里。少量冷冻和新鲜的鱼虾会被空运出口到欧洲。

---

① 《几内亚比绍国家概况》，中华人民共和国外交部网站，https://www.fmprc.gov.cn/web/gjhdq_676201/gj_676203/fz_677316/1206_677752/1206x0_677754/? from = singlemessage&isappinstalled = 0，最后访问日期：2019 年 11 月 19 日。

鱼类的进口仅限于一些腌制或熏制的高技术产品，以供应当地的外国人。由图1-1可知，自2006年起，几内亚比绍的渔业产品出口总额呈波动增长趋势，2012～2016年渔业产品进口总额呈上升趋势。

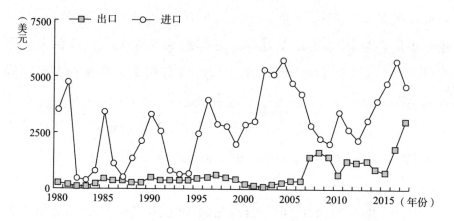

图1-1　几内亚比绍1980～2017年渔业产品进出口总额

资料来源：联合国粮食及农业组织官网，http://www.fao.org/fishery/facp/GNB/en，最后访问日期：2019年11月15日。

三　农业资源

几内亚比绍是一个较为典型的农业国，2017年农业产值约占国内生产总值的52.9%，农业人口约占全国劳动力的85%。可耕地约0.9万平方千米，已耕地0.454万平方千米。[①]　其陆地面积约为3.6万平方千米，平均人口密度为34人/千米^2，农村人口占75%，城市人口主要集中在首都比绍。农村广大地区人口稀少、土

---

① 《几内亚比绍国家概况》，中华人民共和国外交部网站，https://www.fmprc.gov.cn/web/gjhdq_676201/gj_676203/fz_677316/1206_677752/1206x0_677754/? from = singlemessage&isappinstalled = 0，最后访问日期：2019年11月19日。

地广袤、地势平坦、土壤肥沃，有大量适合耕种的土地，全国各地随处可见面积广阔的平地。境内河流密布、地下水丰富，利于农田灌溉，并且气候适宜，每年雨季降水量充足，自然环境对发展农业比较有利。农业是几内亚比绍国民经济的主要组成部分。几内亚比绍日照充足，粮食、蔬菜和其他作物旱雨季皆可生长，发展农业的自然条件优越。

（一）主要粮食作物——大米

几内亚比绍原是西非经济货币联盟中唯一出产稻谷的国家，自产大米仅能满足本国部分需求。大米是几内亚比绍的主要粮食，几内亚比绍采取降低关税等措施来保障大米的进口。长期以来，本国自产农产品短缺，市场销售的粮食和大宗蔬菜如大米、面粉、土豆、洋葱、圆白菜等皆是进口产品。如果未来生产饱和，除了满足本国消费外，还可出口到周围国家。按照联盟内部规定，本地区所生产的商品在成员国之间流通不纳关税。

几内亚比绍国内 80% 以上的人口和 3/4 的劳动力均从事农业和牧业生产，其中巴兰特人一直以"出色的种稻能手"著称。几内亚比绍的主要粮食作物有水稻、木薯、豆类、马铃薯、甘薯、高粱、玉米等，其中，稻谷种植面积最大，约占已耕地的 1/3。大米是几内亚比绍人的主食。通巴里南部地区的稻谷产量占全国稻谷总产量的 70% 左右。1998 年内战前，每年稻谷产量约为 7 万吨，在收成好的年份里部分稻谷还用于出口以赚取外汇。1977 年、1979～1980 年和 1983 年的旱灾使稻谷产量大幅下降，致使 1986 年、1987 年粮食缺口约为 1.7 万吨。到 1989 年，由于 1988～1989 年的蝗灾和旱灾，几内亚比绍缺粮达 16.57 万吨。1990 年由于降水量较少，谷类产量从 1990 年的 25.04 万吨降至 1991 年的 10.47

万吨，降幅达 58.2%，但在 1998 年，谷类产量恢复到了 18.3 万吨。20 世纪 90 年代末以来，大米的进口量大幅增加，占国内大米消费量的 40% 左右，这使国内大米生产更为萧条。目前，几内亚比绍稻谷生产存在的问题主要有两个。其一，生产技术落后。虽然几内亚比绍自然条件优越，但是栽培措施相当落后，农民缺乏培育种子的知识。几内亚比绍的稻谷生产几乎不施用肥料，因此，稻谷的养分严重不足。其二，农田基础设施落后。生产用水主要依靠降水，几乎没有人工开挖的灌溉沟渠，在旱季基本无法进行农业生产。而临海地区堤坝年久失修，一遇涨潮容易发生海水渗透、倒灌。

虽然几内亚比绍地理、气候等条件都很适宜发展农业生产，但其生产方式落后，主要以人力劳动为主，缺乏现代化高科技生产技术和工具。再加上国家财力有限，经常遭受干旱、虫害等自然灾害，并且弃农经商的人数不断上升，这些都导致农业生产受到很大的限制，粮食无法自给，发展情况不容乐观，进口量一直保持在 5 万 ~8 万吨。以水稻为例，按当地传统种植方法生产，每公顷仅收获粮食 1 ~2 吨。以传统种植方法为主，始终无法满足国内粮食需求。全国粮食年需求量至少达 15 万吨，主要粮食作物稻谷、高粱、玉米等原粮产量仅 14 万吨，按照"粗""精"比（原粮和精粮产量比）5∶3 计算，自产精粮约 8 万吨，缺口在 7 万吨左右。[①]

（二）传统出口作物——花生

为了增加出口以赚取外汇，各种经济作物的生产受到了几内

[①] 乔旋、李广一编著《几内亚比绍》，第 68 页。

亚比绍政府的重视。花生是几内亚比绍的传统出口作物。1977 年，花生出口量约为 16300 吨，占出口总量的 60%；但 1992 年降至 400 吨，约为 20 万美元。据国际货币基金组织的统计，1993 年几内亚比绍暂时停止对外出口花生，之后逐步恢复了花生的出口。棕榈产品的生产主要集中在几内亚比绍的沿海地区和小岛上。1983 年，棕榈仁的出口量为 10600 吨，价值 130 万美元；但到 1994 年，其出口量降至 800 吨，约为 10 万美元。

（三）主要经济作物——腰果

腰果是主要经济作物之一，得以大面积耕种。1987 年产量为 6000 吨；1994 年增至 46500 吨，出口创汇 3100 万美元，占几内亚比绍当年出口总值的 93.4%；1996 年，腰果出口值降为 1860 万美元，占当年出口总值的 86.1%；1997 年出口值约为 4560 万美元；1998 年腰果出口值再次下滑，约 2240 万美元。大部分腰果都销往了印度。几内亚比绍人的主食以大米为主，出口值占出口总值 95% 以上的腰果以不同形式换了大米。[①] 根据联合国粮农组织的统计，几内亚比绍 2016 年腰果产量为 15.4 万吨，几内亚比绍为世界第八、非洲第五大腰果生产国。[②] 腰果是几内亚比绍对外出口的主要产品和经济支柱，其出口额参见表 1－1。为保护腰果的出口价格，几内亚比绍对腰果出口征收特别税。然而，几内亚比绍出口的腰果几乎全部未经加工。[③] 由于缺乏加工能力和投资，国内加工能力甚至

---

① 乔旋、李广一编著《几内亚比绍》，第 68 页。
② 《几内亚比绍国家概况》，中华人民共和国外交部网站，https://www.fmprc.gov.cn/web/gjhdq_676201/gj_676203/fz_677316/1206_677752/1206x0_677754/？from＝singlemessage&isappinstalled＝0，最后访问日期：2019 年 11 月 20 日。
③ 《几内亚比绍概况》，中华人民共和国驻几内亚比绍共和国大使馆经济商务处网站，http://gw.mofcom.gov.cn/article/ddgk/zwjingji/201905/20190502863807.shtml，最后访问日期：2019 年 11 月 20 日。

没有达到腰果产量的 15% ，这极大降低了腰果出口的创汇能力。

表 1 – 1　2005～2016 年几内亚比绍腰果出口额

单位：百万美元

年份	2005 *	2006 **	2007 ***	2008	2009	2010
出口额	93.5	60.2	81.4	107.9	97.0	103.2
年份	2011	2012	2013	2014	2015	2016
出口额	203.4	130.1	—	137.0	257.4	315.6

注：* 表示 IMF 估算资料，** 表示法兰西银行估算资料，*** 表示合作伙伴的贸易收益。
资料来源：The Economist Intelligence Unit Limited, *Country Report：Guinea-Bissau, 2008 – 2014*。

几内亚比绍居民中有 90% 的人直接或间接地与腰果行业有联系。根据几内亚比绍驻华大使馆的资料，几内亚比绍产出的腰果，90% 以带壳的原腰果形式出口到印度，无论对于国家，还是对于生产者来说，换回来的收入都微不足道。

根据几内亚比绍大使馆的资料，几内亚比绍国内已经建立了部分腰果加工厂，但其加工规模属微型、小型和中型，年消耗原料达 4000～5000 吨。但在本地注册的腰果仁加工厂数量正逐渐增加。截至 2015 年 9 月，已经注册的腰果加工厂超过 40 家，其中只有 18 家具备经营能力。[1] 几内亚比绍的腰果加工能力明显与该国的腰果产量不成比例，由此可见，腰果经济在几内亚比绍还具有很大的发展潜力，同时也为其他国家到该国投资提供了空间。

---

[1] 《几比拟将发展腰果加工产业》，中华人民共和国商务部网站，http://search. mofcom. gov. cn/ swb/recordShow. jsp? flag = 0&lang = 0&base = iflow_app&id = gw201509011019981&value = （% E8% 85% B0% E6% 9E% 9C% E5% 8A% A0% E5% B7% A5% E5% 8E% 82），最后访问日期：2019 年 11 月 20 日。

随着亚洲和其他市场需求的不断扩大，非洲腰果受到青睐，由此带动其产量和加工能力的提高。目前，非洲腰果产量占全球总产量的30%左右，但其加工量仅占10%左右。据世界贸易组织的统计，世界坚果类贸易中占前三位的依次是杏仁、胡桃和腰果。20世纪70年代，非洲腰果产量占世界的70%，但到21世纪初已下降至30%。其原因是印度和越南异军突起，其中印度腰果产量和加工量均跃居全球首位。[①] 几内亚比绍的腰果绝大部分都未经加工，以原料的形式出口至印度。

总体来说，在政府的发展计划中农业一直处于优先发展的地位，其目标就是要实现粮食的自给自足，2018年农业总产值约占国内总产值的45%。几内亚比绍每年都不同程度地闹"粮荒"，粮食有时还无法达到自足。主要原因在于，第一，政策环境差。几内亚比绍政局不稳，法律不健全，政策多变。第二，自然条件过于优越。几内亚比绍地处热带，温饱不存在问题，同时地广人稀，果木丰富，常年出产木薯、木瓜、芒果、腰果，几乎到处可以找到维持生命的物资，优越的自然条件使人们不太看重农业。第三，基础设施落后。没有农田水利设施，生产材料基本依赖进口，生产成本较高。

四 林业资源

几内亚比绍全国森林资源储量4880万立方米，其中质地优良、可作工业和建筑用木材的种类不多，并且储量有限，主要有红木、香木、血木、白木、棕榈树等，可供砍伐的资源达4170万立方米。

---

① 《非洲腰果走俏世界》，中华人民共和国商务部网站，http://www.mofcom.gov.cn/article/i/jyjl/k/201110/20111007767369.shtml，最后访问日期：2019年11月20日。

几内亚比绍林业资源可分为以下 3 种：果木类，如腰果树、芒果树、棕榈树、柠檬树等，属于最重要的林业资源；柴禾类林木，一般生长期短，树干矮小，多用作烧制木炭，或作柴禾直接燃烧；建筑和工业用材，这类林木一般生长期长，树干粗大，木质较好，可作家具和建筑用材，几内亚比绍出口的木材（原木）皆属这类。

几内亚比绍的木材储藏量达 4830 万立方米，每年可生产 10 万吨木材，[①] 木材的采伐作业主要由中国、葡萄牙和黎巴嫩的公司完成。部分中国公司从当地政府处购买采伐许可证，另有部分中国公司以收购的方式直接从当地人手中购买非洲黄花梨等木材。葡萄牙公司和黎巴嫩公司主要以采伐桃花芯木为主，相互之间无冲突。葡萄牙人发现几内亚比绍后主要在当地建立一些贸易站从事黑奴贩卖等活动，没有大规模采伐原始森林，因而其原始森林保持得比较完好。后因人口大量增长、放火毁林和滥砍滥伐，森林资源衰退十分严重，已引起国际社会和几内亚比绍政府的严重关切。为保护已经十分脆弱的森林资源，政府已决定停止发放林业开发许可证，并加强对森林资源的管理，防止滥砍滥伐、放火毁林，这使日渐衰竭的林业资源得以逐步恢复。[②]

五　畜牧业资源

几内亚比绍政府非常重视畜牧业和动物资源的发展。温湿的

---

① 《几内亚比绍国家概况》，中华人民共和国外交部网站，https://www.fmprc.gov.cn/web/gjhdq_676201/gj_676203/fz_677316/1206_677752/1206x0_677754/？from = singlemessage&isappinstalled = 0，最后访问日期：2019 年 11 月 19 日。

② 《关于几内亚比绍资源情况》，中华人民共和国驻几内亚比绍共和国大使馆经济商务处网站，http://gw.mofcom.gov.cn/article/ztdy/200301/20030100063647.shtml，最后访问日期：2019 年 11 月 20 日。

气候十分有利于草本植物的生长，全国约有 300 万公顷的牧场，广阔的山坡丘陵和热带草原是动物们的天然草场。20% 的农业人口从事传统的畜牧业，内地的巴兰特族和穆斯林就以放牧为生。畜牧业产值约占国内生产总值的 15%。猪、羊、鸡、鸭、鹅等家禽是主要畜产品。政府除颁布了专门的法令保护森林中的各种珍稀动物以外，还从国外引进了品种优良的肉牛和奶牛。

第二章
几内亚比绍的历史沿革

直至今日，几内亚比绍政局一直动荡不安，经济发展严重滞后。分析其中原因，不仅仅有政治问题，几内亚比绍制度本身也存在着极大的缺陷。

第一节　被殖民统治时期

从古代一直到 15 世纪，几内亚比绍同其他非洲国家一样，未形成一个统一的国家。几内亚比绍曾是非洲古国桑海帝国的一部分，各民族在 15 世纪时的社会发展就已达到了较高水平。

一　葡萄牙殖民统治时期

1446 年，葡萄牙殖民者发现了几内亚比绍，侵入博拉马岛并在此登陆。1471～1475 年，葡萄牙殖民者利用连绵不断的部族战争使奴隶买卖发展起来。他们将 800 千米以外的佛得角群岛作为中转站和据点，将战俘和奴隶输送至巴西等美洲国家。据不完全统计，仅从几内亚比绍运往美洲的黑奴数量就达 100

多万。[①] 16 世纪末，葡萄牙在佛得角设总督以管辖佛得角和几内亚比绍沿海地区，就是从那时起，几内亚比绍和佛得角被联系在了一起。葡萄牙殖民者于 1588 年、1640 年和 1686 年分别在卡谢乌、法林和比绍建立了贸易站。1836 年，佛得角成立殖民政府，几内亚比绍受该岛总督管辖。1879 年，葡萄牙当局将几内亚比绍从佛得角划出，派驻总督，定都博拉马，从此几内亚比绍正式沦为葡萄牙殖民地。

二 争取独立时期

葡萄牙殖民者野蛮的奴隶统治以及贩卖战俘和奴隶的行为，激起了几内亚比绍当地人民的不断反抗。1908 年在博拉马爆发了一次持续九年、席卷全境的武装起义，这也标志着几内亚比绍进入 20 世纪后反抗斗争的开始。然而，随着武装起义的开始，葡萄牙当局于 1913～1915 年派萨拉·平托（Teixeira Pinto）少校率军"绥靖"。在殖民军出发前，萨拉·平托少校伪装成法国商人沿奥约河进入曼丁加人居住区，在奥约酋长以及一些探险家的帮助下摸清了起义地区的主要情况，然后以怀柔和武力镇压两种手段对巴兰塔、奥约卡以及帕佩等地区进行了四次清剿，摧毁了大批村庄，基本平息了几内亚比绍的反葡起义。

1920 年、1932 年、1939 年爆发过抗击葡萄牙殖民主义者的武装暴动。1951 年，葡萄牙当局把几内亚比绍定为其"海外省"，并派驻总督进行统治。1956 年 9 月 19 日，阿米尔卡·卡布拉尔等人

---

① 李广一编著《赤道几内亚 几内亚比绍 圣多美和普林西比 佛得角》，社会科学文献出版社，2007，第 95 页。

一起组建了几内亚和佛得角非洲独立党。自成立起，该党便采取了一系列旨在促使葡萄牙放弃殖民占领的和平请愿手段。

1959 年 8 月 3 日，几内亚和佛得角非洲独立党领导比基吉迪（Pidjiguiti）码头工人举行罢工，要求增加工人工资。当日清晨，当罢工者在港口西侧广场集会游行时，埋伏在四周建筑物内的殖民军开枪射击，50 多人当场死亡，另有 100 余人受伤。[①] 惨案发生后，几内亚和佛得角非洲独立党认为，殖民当局已经终结了进行合法抗争的可能性，武装斗争便成了争取民族解放的唯一方法，其他幻想通过请愿和合法抗争来争取独立的团体和社团也从这次大屠杀中吸取了教训，逐渐加入武装反抗殖民统治的行列中来。以后每年的 8 月 3 日就成为几内亚比绍的比基吉迪烈士纪念日。

1963 年 1 月 23 日，几内亚和佛得角非洲独立党领导游击队袭击蒂特市的殖民军，打响了武装斗争的第一枪，正式揭开了人民武装反抗殖民统治的序幕。此后，武装斗争迅速在几内亚比绍全境蔓延。1964 年 11 月 16 日，几内亚和佛得角非洲独立党决定成立人民革命武装部队。从 1964 年 4 月开始，武装部队在南部地区发动了一场持续两个月的战斗，赶走了该地区的殖民军。1965 年，几内亚比绍约一半地区获得解放。1973 年，几内亚比绍武装部队已经控制了几内亚比绍约 2/3 的土地。同年 9 月 23 日，几内亚比绍第一届全国人民议会开幕。次日，大会宣布几内亚比绍共和国正式成立并颁布宪法，选举路易斯·卡布拉尔（Luís Cabral）为国务委员会主席并将东南地区的博埃村作为几内亚比绍的临时首都。

---

① 李广一编著《赤道几内亚　几内亚比绍　圣多美和普林西比　佛得角》，第 96 页。

第二节　独立统治时期

一　路易斯·卡布拉尔执政时期

路易斯·卡布拉尔执政时期是几内亚比绍建国后实现自我独立的第一段时期。在此之前，常年战争使该国满目疮痍，国内各行各业百废待兴，需要国内集中力量大力提高生产力。而国务委员会主席路易斯·卡布拉尔在这段自我探索发展的重要时期，在政治上排斥异己、独揽大权；在经济建设方面贪大求洋、脱离实际、轻视农业。这导致几内亚比绍的经济局势急剧恶化，甚至农业产出跌至独立前的水平，并带来了一系列国营零售网络发展不理想等经济和社会问题。由于其所作所为引起了国内其他人的不满，最终导致了"调整运动"的发生。

（一）几内亚比绍的独立

几内亚比绍的独立很快得到了包括联合国在内的 80 多个国家和组织的承认。葡萄牙在几内亚比绍的重大失败加剧了葡萄牙国内的政治和经济危机。1974 年 4 月 25 日，葡萄牙发生军事政变，卡埃塔诺政权垮台，新政权决心通过和平手段解决殖民地问题。自 5 月 25 日开始，几内亚比绍和葡萄牙双方在伦敦开始谈判。8 月 26 日，双方在阿尔及尔人民宫签署联合声明，葡萄牙外长苏亚雷斯与几内亚和佛得角非洲独立党执委、几内亚比绍武装部队副部长佩德罗·皮雷斯分别代表本国签字。联合声明共七条，葡萄牙当局宣布自 9 月 10 日起在法律上承认几内亚比绍共和国，葡萄牙武装部队将在 1974 年 10 月 31 日前全部撤出几内亚比绍共和国领土，双方将在外交、财政、文化、经济和技术等其他方面进行合作。

（二）独立初期的社会动荡

几内亚比绍在几内亚和佛得角非洲独立党的领导下成为一党制国家。几内亚和佛得角非洲独立党称其建立的共和国实行社会主义制度，在外交关系上遵循不结盟原则，既接受东方社会主义阵营的军事援助，又接受西方各国和阿拉伯国家的经济援助，并发展同葡萄牙的友好关系。在独立初期，几内亚比绍全国仅有十几家小型加工厂，工业产值只占国民生产总值的 0.5%，出口总额只等于进口总额的 8%。因为国家的连年战争，粮食都不能自给，所以人均国民生产总值仅为 110 美元。独立后，几内亚比绍政府为重建家园、发展民族经济和文化做了不少努力，也在经济和社会发展等方面取得了一定的成就。1979 年，几内亚比绍的国民生产总值达到 1.4 亿美元，工业生产总值约 900 万美元，人均国民收入提高至约 170 美元，但仍未能摘掉这顶"世界上最不发达国家"的帽子。[①]

（三）政策调整时期

路易斯·卡布拉尔在执政期间一意孤行，未能改善国内的经济局势。1980 年 11 月 14 日，部长会议主席若奥·贝尔纳多·维埃拉在武装部队的支持下发动军事政变，推翻了路易斯·卡布拉尔政权，宣布成立革命委员会接管一切权力，由若奥·贝尔纳多·维埃拉出任革命委员会主席。他宣称这次行动并不是政变，而是"调整运动"，即对路易斯·卡布拉尔当政时的政策进行调整。

几内亚和佛得角非洲独立党的主要创始人阿米尔卡·卡布拉

---

① 李广一编著《赤道几内亚　几内亚比绍　圣多美和普林西比　佛得角》，第 98 页。

尔出任革命委员会第一总书记。几内亚和佛得角非洲独立党曾领导几内亚比绍和佛得角两国人民进行长期的反对葡萄牙殖民统治的民族解放斗争。1977年11月，该党第三次代表大会确定几内亚和佛得角非洲独立党为几内亚比绍和佛得角两国共同的政党。1978年，两国各自成立党的全国委员会。1981年1月20日，几内亚和佛得角非洲独立党佛得角全国委员会另立佛得角非洲独立党。从此，一党两国的状况宣告结束。同年11月，几内亚和佛得角非洲独立党在几内亚比绍召开党的全国委员会第一次特别代表大会，决定沿用原名，并通过了新的党章和党纲。

二　若奥·贝尔纳多·维埃拉首次执政时期

在若奥·贝尔纳多·维埃拉首次执政前期，即在整个20世纪80年代，几内亚比绍呈现较为稳定的政治局面。但是随着冷战的结束，在西方要求政治民主化的压力下，几内亚比绍经历了从一党制向多党制的转型。然而，多党制在给几内亚比绍带来民主的同时，也带来了动荡与政变。经济的极度落后与执政当局经济政策的频频失误也成为这一时期几内亚比绍政治发展中的最大障碍。

（一）执政初期坎坷的经济发展之路

在若奥·贝尔纳多·维埃拉发动军事政变后的一段时间内，虽然若奥·贝尔纳多·维埃拉掌管着大权，但领导层的大变动使几内亚比绍处于政治大动乱之中，伴随动荡局面的是几内亚比绍经济的进一步恶化。这些原因都促使若奥·贝尔纳多·维埃拉吸收一些过去的反对者进入政府，同时任用许多接受过葡式教育的公务员。

1984年，几内亚比绍召开新一届全国人民议会。同年5月17

日，几内亚比绍新宪法出台。随着新宪法的出台，几内亚比绍政府根据国内的经济问题来重新组织政府。

20 世纪 80 年代中后期，几内亚比绍政府进一步加快了经济自由化的步伐。1986 年 8 月，几内亚比绍政府废止了贸易限制，并允许私人公司开展进出口业务。同年 11 月举行的第四次几内亚和佛得角非洲独立党代表大会上，若奥·贝尔纳多·维埃拉提出了更长远的计划和目标，决定减少国家对贸易和经济的控制，同时加强引进外资。1987 年 4 月，几内亚比绍政府在国际货币基金组织和世界银行的支持下制定了结构调整三年方案，实行经济改革以深化经济自由化。改革的主要措施有紧缩政府开支、减少财政赤字、减少政府对经济的干预、推行国营企业结构合理化、鼓励出口、鼓励发展私人企业等。然而，政府投资计划的调整和公共就业率的降低导致几内亚比绍比索贬值 41%。[①] 但是，通过一段时间的试验，经济状况还是有了一定的改善，市场产品相较过去更加丰富了，农民的生产积极性也大大提高。1989 年，几内亚比绍的经济增长率达到了 6%，预算赤字也控制在了国民生产总值的 12% 以内。[②]

（二）多党兴起与选举

在几内亚比绍经济不断发展的同时，几内亚比绍的政治制度却发生了翻天覆地的变化。

1990 年，境外反对党派及组织要求下届总统大选中有两个或者更多的候选人参选。因此在 1991 年 5 月，几内亚比绍全国人民

[①] 1997 年 3 月，几内亚比绍加入西非经济货币联盟；5 月，开始将原货币几内亚比绍比索兑换成西非法郎；7 月底，几内亚比绍比索不再流通。

[②] 李广一编著《赤道几内亚　几内亚比绍　圣多美和普林西比　佛得角》，第 101 页。

议会特别会议对宪法进行了修改，通过了建立多党制的决定，从而正式终结了几内亚比绍一党制的历史，并终止了几内亚和佛得角非洲独立党一党专政的政治领导地位。同时，政府还公布了新的政党注册法，降低了政党成立的门槛。在新宪法确立后不久，几内亚比绍就涌现出了大量的反对党，例如，1990年秘密成立的民主社会阵线。1991年中期，该组织分裂出民主阵线和团结社会民主党。1991年12月至1992年1月，有三个反对党登记注册，它们分别为：几内亚比绍抵抗运动—巴法塔运动、民主社会阵线、团结社会民主党。1992年1月，民主社会阵线再次分裂，分裂出社会革新党。

1992年1月底，几内亚比绍抵抗运动、民主社会阵线、团结社会民主党和民主团结党等四个反对党宣布设立一个"民主论坛"，便于党派之间的协商。同时，他们要求政府解散警察，并要求执政党不再利用国家资源以达到自身的政治目的；另外，还要求对新闻法进行修正，倡导新闻自由。1992年5月，根据新的政党注册法，几内亚国家独立解放阵线成为合法政党。同时，一个名叫"121派"的持不同政见的派别，从几内亚和佛得角非洲独立党中脱离出来并创建了一个新的政党——民主变革党。1992年7月，几内亚国家独立解放阵线的创始人和领导者弗朗科斯·坎库拉·门迪（Francois Kankoila Mendy），在经历了40年的流亡生活后重返几内亚比绍。8月，为了响应反对党提出的建立全国委员会以监督多党制民主整体转型的要求，若奥·贝尔纳多·维埃拉宣布成立"多党转型委员会"，该委员会将为选举做好准备工作。几乎所有的合法政党都向这个委员会派出了自己的代表，但是一个才被官方承认的"民主与进步全国联盟"对该委员会进行了抵制，他们声称这个委员会的工作将完全受到几内亚和佛得角非洲独立党的干扰和影响。1992年下半年，又有几个政党——民主变革党、社会革新党、联合民主运动获得了合法地位。1993年2月，几内亚比绍全国人民议会通过决议，从立法上促进几内亚比绍向多元民主政体的转变。

1994年5月初，民主阵线、民主社会阵线、联合民主运动、民主与进步全国联盟、民主变革党和几内亚比绍生态保护联盟六个反对党组成了一个选举联盟——变革联盟。不久，国家独立斗争阵线、社会革新党、团结社会民主党、几内亚比绍抵抗运动和几内亚比绍社会民主—公民论坛五个反对党宣布成立一个非正式同盟，这五个政党都可以在大选中推出自己的候选人。1994年7月3日，几内亚比绍大选开始，共有八名候选人竞选总统，1136名候选人竞选议会的100个席位。几内亚和佛得角非洲独立党获得议会62个席位，在全国人民议会选举中胜出。在总统选举中，若奥·贝尔纳多·维埃拉获得46.3%的选票，紧随其后的是社会革新党候选人昆巴·亚拉，获得21.9%的选票。由于这两位候选人的票数都没有达到绝对多数，所以第二轮总统竞选定在8月7日进行。尽管昆巴·亚拉得到了所有反对党的支持，但是最终在第二轮选举中仍以4%的微弱差距败于得票52%的若奥·贝尔纳多·维埃拉。昆巴·亚拉对选举结果提出了质疑，他指责几内亚和佛得角非洲独立党在大选中有欺骗行为，还称国家安全人员曾对反对派支持者进行搜查、恐吓，然而昆巴·亚拉的这些指控最终均被否认。若奥·贝尔纳多·维埃拉于1994年9月29日宣誓就职，并于10月底任命曼努埃尔·塞特尼诺·达科斯塔为总理，各部部长都来自几内亚和佛得角非洲独立党。

（三） 1998 年政变

1998 年 6 月，几内亚比绍军队前总参谋长安苏马内·马内率兵发动叛乱，他在一份声明中宣称将成立以他为首的"巩固民主、和平和正义军事委员会"，要求若奥·贝尔纳多·维埃拉总统辞职，同时准备建立一个过渡政府，随后将举行"自由和高度透明"的大选，并要求外国军队不要干预此次兵变。

这次叛乱有复杂的社会背景。若奥·贝尔纳多·维埃拉总统于 1994 年连任总统后，决心整顿国家经济，其重要措施是几内亚比绍加入西非法郎区，以便借助西非法郎区各国的力量及其坚挺的货币促进几内亚比绍经济的发展。但是几内亚比绍使用西非法郎后，效果却适得其反，这在军人、老战士薪资待遇情况上尤为明显。

引发这次叛乱的直接原因为，安苏马内·马内因涉嫌私下向塞内加尔南方的卡萨芒斯反叛武装贩运军火而被若奥·贝尔纳多·维埃拉总统免去军队总参谋长的职务，这一决定导致了军人的反感。马内因数千美元的走私案被革职，而国内涉及数百万美元的贪污大案却无人认真查处，因此，马内的处境得到了军人的普遍同情，在他振臂高呼、揭竿而起的时候，几内亚比绍约 90%的军人欣然响应。同时，几内亚比绍的一些反对党也对这场兵变或公开或私下表示支持，从而增加了几内亚比绍政坛的复杂性。

在这次战乱中，以马内为首的叛军与忠于若奥·贝尔纳多·维埃拉总统的军队展开了激战，双方动用了迫击炮等重型武器，叛军几乎控制了国家的武器库，并占领了博拉兵营、比绍国际机场、广播电视台等战略要地。首都比绍市内的一些外国使馆也在战火中遭到破坏。无情的战火不仅使国家财产损失巨大，使基础设施遭到破坏，还造成大量无辜平民丧失生命，有超过 3000 名外国人乘船被疏散到塞内加尔，数十万几内亚比绍人民为躲避战火，逃离家园，沦为难民。

在西非国家经济共同体和葡语国家共同体两个国际组织的联合斡旋下，交战双方于 1998 年 8 月 26 日在佛得角首都普拉亚正式签署了停火协定。由于双方在外国军队撤军和建立民族团结政府等问题上存在严重分歧，10 月内战再度爆发。反政府武装在 10 月 18 日至 21 日短短四天时间内，占领了包括几内亚比绍第二大城市巴法塔在内的东部大部分地区，从而使局势进一步恶化。10 月 27 日，尼日利亚国家元首阿布巴卡尔将军和冈比亚总统雅亚·贾梅以及葡萄牙、法国等国驻几内亚比绍大使敦促若奥·贝尔纳多·维埃拉总统和反政府武装领导人进行直接谈判，以便尽快结束内战。几内亚比绍交战双方最终在外国军队撤军和部署西非维和部队等问题上达成了一致，11 月 1 日深夜正式签署了《阿布贾和平协定》（*Abuja Accord*），结束长达五个月的内战。12 月底，若奥·贝尔纳多·维埃拉和马内在关于两派部长职位的分配上达成了协定。

1999 年 1 月底，首都比绍再起冲突，2 月 9 日，几内亚比绍政府与叛军再次达成停火协议。2 月 20 日，新的全国团结政府成立。按照《阿布贾和平协定》，叛军和忠于总统的政府军于 3 月初开始各自解除武装。从 2 月 28 日至 3 月 16 日，塞内加尔和几内亚两国军队完成从几内亚比绍的撤军。4 月，几内亚比绍全国人民议会发表声明宣称免除对马内涉嫌向卡萨芒斯反叛武装贩运军火的指控。

1999 年 5 月 7 日，军委会终于以武力推翻了若奥·贝尔纳多·维埃拉总统。此前一天，战斗在比绍打响，军委会武装占领了比绍机场的军火库并包围了总统府，迫使总统投降。随后，若奥·贝尔纳多·维埃拉逃往葡萄牙大使馆寻求庇护，并于5月10日签署命令宣布无条件投降。几内亚比绍全国人民议会议长马兰·巴卡伊·萨尼亚（Malam Bacai Sanhá）代理行使总统权力直到举行总统大选。5月，几内亚和佛得角非洲独立党高层开会，推选出曼努埃尔·塞特尼诺·达科斯塔为党的新主席以取代若奥·贝尔纳多·维埃拉。5月底，在政府、军方和政党之间召开的三方会谈决定起诉若奥·贝尔纳多·维埃拉，罪名是参与了向卡萨芒斯反叛武装贩运军火和执政不当致使几内亚比绍不断发生政治、经济危机。若奥·贝尔纳多·维埃拉接受了对他的指控，但他要求因健康原因出国就医，以后再返回几内亚比绍受审。7月，几内亚比绍宪法修正案通过，该法案规定几内亚比绍实行半总统制，总统只能连任两届，废止死刑，几内亚比绍的主要领导职务必须由几内亚比绍本土居民担任。9月，几内亚和佛得角非洲独立党召开特别会议，若奥·贝尔纳多·维埃拉被开除党籍。同时，在职的国防与祖国解放战士部长弗朗西斯科·贝南特（Francisco Bernante）被推选为党的主席。9～10月，几内亚比绍相继发现了两处埋有14人和22人的乱葬岗，人们认为这些人都是在若奥·贝尔纳多·维埃拉执政时期被处死的。10月底，几内亚比绍总检察长阿明·米歇尔·萨阿德宣称他已经掌握了足够的证据可以对若奥·贝尔纳多·维埃拉提起公诉，指控他犯了反人类罪，同时希望能将若奥·贝尔纳多·维埃拉从葡萄牙引渡回国受审。

三　昆巴·亚拉执政时期

昆巴·亚拉的执政并未改善国内的政治生态环境，也正因为他缺乏执政经验和能力从而加剧了几内亚比绍的政局动荡。昆巴·亚拉三年任期内连续更换了四届总理，这种猜忌异己、官员频繁调动的做法直接导致政局不稳，使政府各部门陷入瘫痪状态。不仅如此，执政者们不是想办法解决实际问题而是醉心于党派与利益之争，很少顾及广大人民的利益，疲于各阶层和派别的对立与争斗，国内两极分化严重，经济发展每况愈下。

（一）总统大选与议会选举

1999 年 11 月 28 日，几内亚比绍举行总统大选和议会选举。但在首轮总统选举中没有一位总统候选人得票数超过总票数的50%。2000 年 1 月 16 日，几内亚比绍第二轮总统选举开始，社会革新党的昆巴·亚拉获得了 72% 的选票，几内亚和佛得角非洲独立党的马兰·巴卡伊·萨尼亚获得了 28% 的选票。昆巴·亚拉于2000 年 2 月 17 日宣誓就任总统。随后，昆巴·亚拉任命卡埃塔诺·恩查马（Caetano N'Tchama）为总理并组成以社会革新党、几内亚比绍抵抗运动两党为主，多党参政的联合政府。4 月，费尔南多·科雷亚（Fernando Correia）被任命为新的国防与祖国解放战士部长。5 月，有报道称由于以马内为首的军人继续干政，几内亚比绍的局势再度紧张。同时，有消息称，海军总司令拉明·萨哥纳（Lamine Sagna）接受贿赂并允许一艘韩国渔船进入几内亚比绍海域非法捕鱼，为此他被昆巴·亚拉总统免除了职务，但是他拒绝放弃权力，从而加剧了几内亚比绍的紧张局势。在昆巴·亚拉和军方的进一步协商后，拉明·萨哥纳同意辞去职务。同月，一个新政党——社会联盟宣告成立。11 月，马内扬言要对政府动武，战事一触即发，但最终多数将领对马内倒戈，支持昆巴·亚拉政权，马内被击毙。

（二）解散议会

2001 年 1 月 23 日，昆巴·亚拉总统因未与几内亚比绍抵抗运动协商即宣布改组政府，几内亚比绍抵抗运动的政府成员集体辞职。之后两党谈判未果，几内亚比绍抵抗运动遂宣布成为反对党，执政联盟破裂。昆巴·亚拉总统于 1 月 25 日改组政府，撤换几内亚比绍抵抗运动的政府成员。3 月 19 日，昆巴·亚拉总统任命福斯蒂诺·法杜特·因巴利为政府总理，组成新政府。3 月刚出任总理的因巴利由于未能使几内亚比绍摆脱经济和社会危机，引起议会与几内亚比绍人民的强烈不满而被解职。12 月 8 日，昆巴·亚拉总统任命阿拉马拉·尼亚塞为总理，接替 7 日被解职的福斯蒂诺·法杜特·因巴利。阿拉马拉·尼亚塞在被任命为总理后表示，新政府将致力于振兴经济、摆脱社会危机。同时，该国反对党普遍表示将与新政府展开谈话，以解决国家当前面临的紧迫问题。

2002 年 11 月 15 日，几内亚比绍总统府发表公报说，由于当前局势不利于国家稳定和发展并为防止议员进行颠覆和背叛国家的活动，根据宪法赋予的权力，昆巴·亚拉总统决定从即日起解散议会，并"在未来 90 天内重新组织议会选举"。随着议会的解散，以阿拉马拉·尼亚塞为总理的几内亚比绍政府也被同时解散。阿拉马拉·尼亚塞和昆巴·亚拉虽然都是几内亚比绍执政党社会革新党的要员，但两人在治国策略上存在的矛盾自 2002 年 8 月起便已公开化。11 月 16 日，昆巴·亚拉总统任命马里奥·皮雷斯为看守政府总理，并于 18 日组成看守政府。此后，昆巴·亚拉总统对政府进行了数次调整。

几内亚比绍政局动荡加剧，社会治安也随之恶化，经济衰退日益加重。2003 年 3 月 17 日，几内亚比绍全国工会宣布举行为期一周的全国总罢工，抗议政府拖欠工资。原定于 4 月 20 日举行的议会选举，因缺少经费，只能延期举行。9 月 1 日，几内亚比绍全国工会决定再举行为期一周的全国总罢工。首都比绍市全面停电、停水，医院停诊，学校停课，罢工对市民正常生活产生了严重影响。

四　政权的频繁更迭期

从 2003 年塞亚布拉发动军事政变到 2019 年若泽·马里奥·瓦斯任期结束，在这长达 16 年的时间里，几内亚比绍政府领导人不断更迭，军事政变也频频发生，部分政治人物贪恋手中的权力，致使几内亚比绍社会动荡不安、经济日益衰败、百姓民不聊生。几内亚比绍的未来仍然充满机遇与挑战，国家治理还有很长的路要走。

（一）恩里克·佩雷拉·罗萨执政时期

几内亚比绍武装部队总参谋长韦里西莫·科雷亚·塞亚布拉领导军队发动军事政变，宣布成立"恢复宪法和民主秩序军事委员会"，接管国家权力，塞亚布拉自任军委会主席。几内亚比绍总统昆巴·亚拉和总理马里奥·皮雷斯均被捕。2003 年 9 月 18 日，担任西非国家经济共同体主席的加纳总统库福尔与塞内加尔总统瓦德和尼日利亚总统奥巴桑乔抵达比绍。随后，他们会见了军委会的成员。在与政变军人进行了长达三个小时的会晤后，库福尔宣布，政变军人同意建立一个全国过渡委员会。这个委员会除了主席由武装部队总参谋长塞亚布拉担任外，其他成员均由文职人员担任。全国过渡委员会行使权力两年，此后举行全国大选。经过国际社会斡旋，塞亚布拉于 9 月 21 日同意将临时总统的职务交给文职人员担任。9 月 23 日，政变军方宣布任命企业家、无党派人士恩里克·佩雷拉·罗萨为几内亚比绍的过渡总统，任命内政部前部长、社会革新党总书记阿图尔·萨尼亚为过渡政府总理。28日，军委会与各政党和社会团体签署具有临时宪法性质的《政治过渡宪章》，成立由塞亚布拉担任主席的全国过渡委员会，确定六个月内举行议会选举，之后一年内举行总统选举。10月3日，阿图尔·萨尼亚出任总理并组成了包括11名部长和5名国务秘书的几内亚比绍过渡政府。

2004年3月28日，几内亚比绍举行议会选举。几内亚和佛得角非洲独立党获得102个席位中的45席。5月9日，恩里克·佩雷拉·罗萨总统任命几内亚和佛得角非洲独立党主席卡洛斯·戈梅斯（Carlos Gomes）为总理。12日，卡洛斯·戈梅斯组建几内亚和佛得角非洲独立党政府。10月6日凌晨，部分曾参与联合国利比里亚维和行动的士兵在首都比绍发动哗变，要求发放拖欠的维和津贴以及其他薪饷，并杀害了塞亚布拉。在葡语国家共同体和西非国家经济共同体的斡旋下，几内亚比绍政府与哗变军人于10月10日签署谅解备忘录，政府做出发放欠饷和津贴、提高军人待遇等承诺，哗变军人同意返回军营。

（二）若奥·贝尔纳多·维埃拉执政时期

几内亚比绍于2005年6~7月举行了总统选举。经几内亚比绍最高法院批准，几内亚比绍前领导人若奥·贝尔纳多·维埃拉作为独立候选人也参加了6月19日举行的总统大选。几内亚比绍全国选举委员会（NEC）公布的第一轮总统大选的正式结果为执政的几内亚和佛得角非洲独立党候选人马兰·巴卡伊·萨尼亚和独立候选人、前总统若奥·贝尔纳多·维埃拉的得票排在前两位，社会革新党候选人、前总统昆巴·亚拉位居第三。7月28日，几内亚比绍全国选举委员会公布了第二轮总统选举结果，若奥·贝尔纳多·维埃拉赢得了 55.25% 的选票，超过马兰·巴卡伊·萨尼亚获得的 44.75% 的选票，从而赢得了大选。10 月 1 日，若奥·贝尔纳多·维埃拉宣誓就任新一届总统，并于 11 月 2 日任命阿里斯蒂德斯·戈梅斯（Aristides Gomes）为总理。11 月 9 日，阿里斯蒂德斯·戈梅斯组建几内亚和佛得角非洲独立党、社会革新党等多党联合执政的政府。

（三）马兰·巴卡伊·萨尼亚执政时期

2009 年 3 月 2 日，若奥·贝尔纳多·维埃拉总统遇袭身亡。根据几内亚比绍宪法，全国人民议会议长雷蒙多·佩雷拉（Raimundo Pereira）在选出新总统前担任临时总统。6 月 28 日，几内亚比绍举行总统选举，参选的 11 名候选人均未获得半数以上选票。7 月 29 日，几内亚比绍全国选举委员会宣布，执政的几内亚和佛得角非洲独立党候选人马兰·巴卡伊·萨尼亚在第二轮总统选举中获得 63.52% 的有效选票，赢得大选。9 月 8 日，马兰·巴卡伊·萨尼亚在首都比绍宣誓就任总统，佩雷拉继续担任议长。马兰·巴卡伊·萨尼亚在就职仪式上表示，他将与政府共同致力于保障国家的和平与稳定，整改军队和重振经济，以结束几内亚比绍长期动乱的局面，让人民过上安宁的生活。他还宣布于 10 月大幅改组政府。

2010 年 4 月 1 日，几内亚比绍军队副总参谋长安东尼奥·因贾伊（Antonio Ndjai）发动政变，总理卡洛斯·戈梅斯、军队总参谋长萨莫拉·因杜塔和内政部长等人被政变军人劫持至首都比绍的一座军营，因贾伊宣布由自己接替因杜塔出任军队总参谋长。得知戈梅斯被扣押的消息后，比绍数百名民众涌上街头，聚集在总理府前，抗议政变军人的行为。被短暂扣押三小时后，戈梅斯等人被释放，经马兰·巴卡伊·萨尼亚总统调解，几内亚比绍军方于 4 月 2 日表示此事纯属军队内部事件，军方服从国家政治机关的领导。同日，戈梅斯总理复职。政变发生后，国际社会对几内亚比绍局势普遍表示关注和担忧，联合国、西非国家经济共同体和非盟等国际组织敦促几内亚比绍尽快恢复宪法秩序。

2011 年 12 月 26 日，一股叛变部队攻入首都比绍的武装部队大楼，朝天鸣枪接近半小时，并抢走武器。戈梅斯总理进入宅邸对面的安哥拉使馆躲避。武装部队总参谋长安东尼奥·因贾伊稍晚表示，此系少部分士兵政变未遂，局势已被军方和政府控制。军方发言人说，海军参谋长若泽·阿梅里科·布博·纳·楚托（Jose Americo Bubo Na Tchuto）是政变策划者，已被逮捕。2012 年 1 月 9 日，几内亚比绍总统府发布公告说，马兰·巴卡伊·萨尼亚总统因糖尿病并发症在法国巴黎瓦勒德格拉斯医院逝世，享年64 岁。

（四）若泽·马里奥·瓦斯执政时期

2014 年 4 月 13 日，总统大选首轮投票结果显示：几内亚和佛得角非洲独立党候选人、经济与财政部前部长若泽·马里奥·瓦斯（José Mário Vaz）获得 40.9% 的选票；独立候选人努诺·戈梅斯·纳比亚姆（Nuno Gomes Nabiam）获得 25.1% 的选票，排在第二位。5 月 20 日，几内亚比绍全国选举委员会宣布了几内亚比绍第二轮总统大选结果，若泽·马里奥·瓦斯获得 61.9% 的选票，纳比亚姆获得 38.1% 的选票，若泽·马里奥·瓦斯赢得了第二轮总统选举的胜利。6 月 23 日，若泽·马里奥·瓦斯宣誓就任总统。6 月 25 日，几内亚和佛得角非洲独立党新任主席多明戈斯·西蒙斯·佩雷拉（Domingos Simões Pereira）被若泽·马里奥·瓦斯任命为政府总理。

新政府刚组建不久，内部分歧日益严重，若泽·马里奥·瓦斯总统于 2015 年 8 月 12 日宣布解散总理多明戈斯·西蒙斯·佩雷拉领导的政府，若泽·马里奥·瓦斯指责佩雷拉领导的政府贪污腐败、对自然资源开发过度以及在公共资金管理中缺乏透明度。8 月 20 日，若泽·马里奥·瓦斯任命前部长会议与议会事务部长巴西罗·贾（Baciro Dja）为新总理，但 9 月 9 日，几内亚比绍最高法院裁定这一任命违宪。9 月 17 日，若泽·马里奥·瓦斯任命卡洛斯·科雷亚（Carlos Correia）为新一届政府总理。10 月 13 日，科雷亚在新内阁成员宣誓就职仪式上说，几内亚比绍政府未来将继续优先支持教育和卫生领域的发展，重视职业培训和文化、体育发展，提高青年就业率。但政治争斗仍未平息，并逐渐扩散至议会。2016 年 5 月，若泽·马里奥·瓦斯总统再次宣布解散政府；6 月 2 日，任命巴西罗·贾为总理。11 月 18 日，若泽·马里奥·瓦斯总统再次解散政府，任命乌马罗·恩巴洛为总理。12 月，乌马罗·恩巴洛总理宣誓就职。

几内亚比绍总统若泽·马里奥·瓦斯于 2018 年 4 月 16 日颁布总统令，正式任命阿里斯蒂德斯·戈梅斯为政府总理，其首要任务是组建政府，为议会选举做准备。此次任命是几内亚比绍各主要党派，尤其是几内亚和佛得角非洲独立党和社会革新党在西非国家经济共同体洛美峰会期间达成的共识，符合《科纳克里协议》。①

---

① 《几内亚比绍总统任命新总理》，新华网，http://www.xinhuanet.com/world/2018 - 04/16/c_1122691699.htm，最后访问日期：2019 年 11 月 16 日。

几内亚比绍于 2019 年 3 月 10 日举行议会选举，并于 2019 年 3 月 13 日公布初步结果，现任总统若泽·马里奥·瓦斯所在的几内亚和佛得角非洲独立党获得 102 个议会席位中的 47 席，成为此次选举的最大赢家。[①] 几内亚和佛得角非洲独立党主席多明戈斯·西蒙斯·佩雷拉在初步结果公布后表示，此次议会选举对几内亚比绍重建至关重要。他呼吁各党派积极加入民族和解进程。[②]

几内亚比绍总统若泽·马里奥·瓦斯于 2019 年 10 月 29 日颁布总统令，任命前总理、人民宣言党资深成员福斯蒂诺·法杜特·因巴利为新总理，以取代 10 月 28 日晚被其解除职务的阿里斯蒂德斯·戈梅斯。若泽·马里奥·瓦斯以"严重的政治危机已经妨碍国家机构正常行使职能"为由解除戈梅斯总理职务并解散政府，随后任命因巴利为总理并授权其组建新一届政府，以推动总统选举于 11 月 24 日如期举行。戈梅斯拒绝接受若泽·马里奥·瓦斯解除其总理职务的命令，称若泽·马里奥·瓦斯总统任期早已结束，其总统令"完全无效"。29 日，负责斡旋几内亚比绍政治危机的西非国家经济共同体发布公报，强调若泽·马里奥·瓦斯解除戈梅斯职务的总统令非法，重申西非国家经济共同体支持戈梅斯领导的政府，呼吁几内亚比绍安全部队保护所有国家公共机构。在 11 月 24 日的几内亚比绍总统大选中，佩雷拉和恩巴洛分别以 40.13% 和 27.65% 的得票率位列第一和第二，而现任总统若泽·马里奥·瓦斯则排名第四。根据选举法，由于此轮投票中未有候

[①] 《几内亚比绍举行议会选举》，新华网，http://www.xinhuanet.com/world/2019－03/11/c_1124217491.htm，最后访问日期：2019 年 12 月 6 日。

[②] 《几内亚比绍执政党赢得议会选举》，新华网，http://www.xinhuanet.com/2019－03/14/c_1124234155.htm，最后访问日期：2019 年 12 月 6 日。

选人得票超过半数，居前两位的佩雷拉和恩巴洛进入第二轮投票。2020 年 1 月 1 日，几内亚比绍全国选举委员会公布的总统选举第二轮投票结果显示，乌马罗·西索科·恩巴洛当选为几内亚比绍新总统。①

---

① 《恩巴洛当选几内亚比绍总统》，新华网，https：//baijiahao. baidu. com/s？ id＝16545400216 32628243＆wfr＝spider＆for＝pc，最后访问日期：2020 年 1 月 1 日。

第三章
几内亚比绍的政治发展脉络

第一节　国体与政体

一　国家的性质

根据 1999 年 7 月通过并颁布的宪法修正案，几内亚比绍实行共和制，是一个独立、民主和统一的国家。同时，几内亚比绍还是一个代议民主制国家。全国人民议会是国家最高立法机构，议员产生于公民选举，并代表公民在议会中行使权力（称为代议）、制定法律和管理公共事务。几内亚比绍实行半总统制，这是一种兼具总统制和议会制特征的共和制政体。总统通过选举产生，在国家政治中处于权力核心位置。

二　政府的体制

几内亚比绍实行半总统制。总统为国家元首，总理为政府首脑。虽然总统掌握着国家的最高权力，但权力的行使主要通过内阁政府掌握的行政机关。总理、政府成员经议会多数党提名后由总统任命。2020 年，乌马罗·西索科·恩巴洛当选为几内亚比绍总统。

几内亚比绍政府执掌行政权，是国家的执行和行政机关。立法权由政府及全国人民议会共同拥有。全国人民议会每年召开四次例会，审议通过各项决议需要至少三分之二的合法议员参与，须有绝对多数即超过半数的赞成票才能通过。几内亚比绍全国人民议会有 102 名议员，其中包括国内议员 100 名，欧洲和非洲议员各 1 名。在 2019 年 3 月 10 日顺利举行的议会选举中，共有 102 名议员当选，其中几内亚和佛得角非洲独立党 47 名、民主更替运动—15 人小组 27 名、社会革新党 21 名、人民团结大会—几内亚比绍民主党 5 名、新民主党和变革联盟各 1 名。①

三 宪法

（一）宪法的演变

1973 年 9 月 24 日，几内亚比绍第一届全国人民议会通过了第一部宪法。随后，1980 年 11 月颁布了第二部宪法。1984 年 5 月 17 日，伴随着新一届全国人民议会的召开，第三部宪法出台并开始生效。宪法规定：（1）几内亚比绍是民主、世俗、统一的反帝、反殖民主权共和国，国家权力属于人民；（2）共和国是革命的民族民主国家，目标是建立没有剥削的社会；（3）几内亚和佛得角非洲独立党是国家的政治领导力量，全国人民议会是国家最高权力机关；（4）国务委员会主席是国家元首、政府首脑、武装部队最高统帅；（5）现行的所有制是国家所有制、合作社所有制和私人

---

① 《几内亚比绍举行议会选举》，新华网，http://www.xinhuanet.com/world/2019-03/11/c_1124217491.htm，最后访问日期：2019 年 11 月 6 日。

所有制；（6）公民在法律面前一律平等，公民依法享有言论、集会、结社、示威和宗教信仰的自由。

1991年5月，几内亚比绍全国人民议会特别会议对宪法进行了修改，通过了实行多党制的法律。1997年7月，通过并颁布了宪法修正案。[①]

（二）宪法的主要原则

几内亚比绍宪法是集中表现统治阶级建立民主制国家的意志和利益、保障和规范国家权力以及保障人权的国家根本法，现行宪法的主要内容如下。

（1）法律面前，所有公民一律平等。公民都享有相同的权利且都要履行相同的义务；严禁种族歧视、性别歧视、宗教歧视、智力歧视以及文化水平歧视等一切歧视。

（2）几内亚比绍实行半总统制，总统为国家元首，总理为政府首脑。总理及其他政府成员经议会多数党提名后由总统任命。总统每届任期五年，可连任一次。[②]

（3）总统、总理、议长等要职只能由父母均在几内亚比绍出生、拥有纯正几内亚比绍血统的公民担任。

四　国家元首

最新宪法规定，总统为国家元首。历届国家元首见表3-1。

（一）路易斯·卡布拉尔

1956年与同父异母兄长阿米尔卡·卡布拉尔一同创建几内亚

---

① 李广一编著《赤道几内亚　几内亚比绍　圣多美和普林西比　佛得角》，第130页。
② 《几内亚比绍国家概况》，中华人民共和国外交部网站，https://www.fmprc.gov.cn/web/gjhdq_676201/gj_676203/fz_677316/1206_677752/1206x0_677754/，最后访问日期：2019年11月6日。

和佛得角非洲独立党。曾领导人民同葡萄牙殖民者进行了长期武装斗争，为几内亚比绍的独立做出了重大贡献。1973年9月24日，几内亚比绍共和国宣告成立，路易斯·卡布拉尔出任国务委员会主席，成为首任国家元首。

（二）若奥·贝尔纳多·维埃拉

1980年11月14日，以维埃拉为首的武装力量发动了"调整运动"，推翻并软禁了国家元首路易斯·卡布拉尔，解散国务委员会并接管一切权力。维埃拉任几内亚比绍共和国革命委员会主席（国家元首）、政府首脑和武装部队最高统帅。1981年11月在党的特别代表大会上当选为几内亚和佛得角非洲独立党中央委员会总书记。1982年5月兼任几内亚比绍人民革命武装部队总参谋长、人民革命武装部队部长、国家安全和公共秩序部长。1983年9月成立的国家安全委员会，由九人组成，维埃拉任委员会主席。1984年5月16日在几内亚比绍第三届全国人民议会上当选为几内亚比绍共和国国务委员会主席、国家元首，同时兼任人民革命武装部队总司令、国防与祖国解放战士部长和内政部长。1994年8月，维埃拉首次在多党制总统大选中获胜；9月，其宣誓就任总统。1999年5月7日，维埃拉在军事政变中被推翻，流亡葡萄牙。2005年6~7月，几内亚比绍举行总统大选，维埃拉作为独立候选人参选并胜出。2005年10月，其出任新一任总统。2009年3月2日，维埃拉在一起军人发动的政变中身亡。

（三）昆巴·亚拉

1992年1月，创建社会革新党并担任主席。2000年2月17日，宣誓就任几内亚比绍总统。2003年9月14日，因军事政变被迫下台。

（四）恩里克·佩雷拉·罗萨

2003 年 9 月 14 日，几内亚比绍武装部队总参谋长塞亚布拉领导军人发动政变，逮捕了总统雅拉和总理皮雷斯，并宣布成立"恢复宪法和民主秩序军事委员会"，接管国家权力。2003 年 9 月 23 日，几内亚比绍政变军方宣布任命恩里克·佩雷拉·罗萨为几内亚比绍过渡总统。

（五）马兰·巴卡伊·萨尼亚

2009 年 6 月 28 日，几内亚比绍开始举行总统选举，参选的 11 位候选人均未获得半数以上选票，按照几内亚比绍选举法规定，得票最多的两名候选人马兰·巴卡伊·萨尼亚与昆巴·亚拉进入第二轮角逐。最终，几内亚和佛得角非洲独立党候选人马兰·巴卡伊·萨尼亚在第二轮总统选举中获胜。2009 年 9 月 8 日，其宣誓就任总统。

（六）马努埃尔·塞里富·尼亚马若

2012 年 4 月 12 日，几内亚比绍军队在副总参谋长与军区主席马马杜·图里库鲁玛主导下发动政变。代理总统佩雷拉和前总理、总统选举第二轮投票候选人戈梅斯被逮捕。2012 年 5 月，在国际社会压力下，政变军方与西非国家经济共同体达成一致，由代议长马努埃尔·塞里富·尼亚马若担任过渡总统，同意西非国家经济共同体派兵维护宪政。

（七）若泽·马里奥·瓦斯

1989 年加入几内亚和佛得角非洲独立党。2014 年当选该党中央委员会委员，同年作为几内亚和佛得角非洲独立党候选人参加总统选举并胜出。

（八）乌马罗·西索科·恩巴洛

曾于2016年11月至2018年1月担任几内亚比绍总理。2020年1月1日，作为民主更替运动—15人小组候选人在总统选举第二轮投票中，以53.55%的得票率成功当选几内亚比绍总统。这是几内亚比绍民主历史上首次上一位总统结束任期并让位于另一位总统。[①]

表3-1　几内亚比绍独立后历届国家元首

中文译名	任职起止时间
路易斯·卡布拉尔	1973年9月~1980年11月
若奥·贝尔纳多·维埃拉	1980年11月~1984年5月
若奥·贝尔纳多·维埃拉	1984年5月~1989年6月
若奥·贝尔纳多·维埃拉	1989年6月~1994年7月
若奥·贝尔纳多·维埃拉	1994年9月~1999年5月
昆巴·亚拉	2000年2月~2003年9月
恩里克·佩雷拉·罗萨	2003年9月~2005年7月
若奥·贝尔纳多·维埃拉	2005年10月~2009年3月
马兰·巴卡伊·萨尼亚	2009年9月~2012年1月
马努埃尔·塞里富·尼亚马若	2012年5月~2014年6月
若泽·马里奥·瓦斯	2014年6月~2020年1月
乌马罗·西索科·恩巴洛	2020年1月至今

注：2009年3月，若奥·贝尔纳多·维埃拉遇刺身亡后，雷蒙多·佩雷拉担任临时总统。未将其列入表中。

资料来源：钱其琛主编《世界外交大辞典》（上）（下），世界知识出版社，2005。

[①] 《恩巴洛当选几内亚比绍总统》，新华网，https://baijiahao.baidu.com/s? id = 16545400216 32628243&wfr = spider&for = pc，最后访问日期：2020年1月1日。

第二节 国家机构

几内亚比绍的国家机构主要由中央行政机构和地方行政机构构成。中央行政机构主要负责全国政策与规划的制定和执行，而地方行政机构主要负责对该行政区域进行有效的管理，谋求该区域的社会稳定与发展。

一 中央行政机构

中央行政机构是几内亚比绍最重要的国家行政机构，代表整个国家行使行政权力，执行全国性公务。同地方行政机构有很大不同，它有权依据宪法与法律管理全国范围内的一切政治、经济、文化和社会事务。

自 2015 年 8 月以来，几内亚比绍各政治派别在总理人选问题上产生分歧，从而引发政治僵局。议会多数党——几内亚和佛得角非洲独立党一直不接受总统瓦斯任命的总理人选，认为在未获得几内亚和佛得角非洲独立党同意的情况下任命总理不符合宪法要求。2016 年 10 月，几内亚比绍各党派领导人、民间社会和宗教团体代表在几内亚比绍科纳克里举行会谈，并在会谈后联合签署了《科纳克里协议》。该协议要求，政府总理的任命须得到几内亚比绍各党派的同意，以便顺利组建政府。[①] 2018 年 4 月 16 日，几内亚比绍总统瓦斯正式任命阿里斯蒂德斯·戈梅斯为政府总理，并令其组建政府，为议会选举做准备。2019 年 7 月 3 日，戈梅斯

---

① 《几内亚比绍总统任命新总理》，新华网，http://www.xinhuanet.com/world/2018 - 04/16/c_1122691699.htm，最后访问日期：2019 年 11 月 7 日。

政府组建完成。政府由 16 位部长以及 15 位国务秘书构成，主要成员见表 3 −2。

表 3 −2 2019 年几内亚比绍政府成员

职务	姓名
总理	阿里斯蒂德斯·戈梅斯（Aristides Gomes）
部长会议与议会事务部长兼政府发言人	阿曼多·曼戈（Armando Mango）
外交与侨务部长	苏齐·巴尔博萨（Suzi Barbosa）
国防与祖国解放战士部长	路易斯·梅洛（Luis Melo）
内政部长	茹利亚诺·奥古斯托·费尔南德斯（Juliano Augusto Fernandes）
渔业部长	阿迪娅图·贾洛·南迪格纳（Adiatu Djaló Nandigna）
自然资源与能源部长	伊苏福·巴尔德（Issufo Baldé）
农业与森林部长	内尔维娜·巴雷托（Nelvina Barreto）
经济与财政部长	热拉尔多·若昂·马丁斯（Geraldo João Martins）
国家教育与高等教学部长	道塔林·蒙泰罗·科斯塔（Dautarin Monteiro Costa）
国土与选举管理部长	奥德特·科斯塔·塞梅多（Odete Costa Semedo）
公共管理与国家现代化部长	法图玛塔·饶·巴尔德（Fatumata Djau Baldé）
基础建设、住房与城市发展部长	奥斯瓦尔多·阿布雷乌（Osvaldo Abreu）
贸易与工业部长	亚亚·贾洛（Iaia Djaló）
公共卫生部长	玛格达·内利·罗巴洛·席尔瓦（Magda Nely Robalo Silva）
妇女、家庭与社会保护部长	卡迪·塞迪（Cadi Seidi）
司法与人权部长	鲁特·蒙泰罗（Rute Monteiro）

资料来源：《几内亚比绍国家概况》，中华人民共和国外交部网站，https://www.fmprc.gov.cn/web/gjhdq_676201/gj_676203/fz_677316/1206_677752/1206x0_677754/，最后访问日期：2019 年 11 月 7 日。

二　地方行政机构

几内亚比绍地方行政机构由卡谢乌、比翁博、奥约、巴法塔、加布、博拉马、吉纳拉、通巴里8个省和比绍自治区政府构成，下辖36个县。[①] 比绍自治区是几内亚比绍首都，同时也是几内亚比绍最大的城市、主要港口以及行政和军事中心。

第三节　立法与司法制度

几内亚比绍的法律体系主要由立法制度和司法制度构成。全国人民议会及政府主要负责法律的制定、修改和废止，而法院负责法律的适用。

一　立法制度

几内亚比绍的立法权由全国人民议会及政府共同拥有。全国人民议会每年召开四次例会，就国内外重大问题制定法律，并负责监督国家法律的执行。常设机关为常务委员会，其在议会闭会和被解散期间，行使议会职权。议会议员任期为四年。2019年3月10日，几内亚比绍召开了新一届的全国人民议会，通过选举共产生了102名议员。[②] 2019年4月18日，该届议会举行第一次全会，选举几内亚和佛得角非洲独立党人西普利亚诺·卡萨马（Cip-

---

① 《几内亚比绍国家概况》，中华人民共和国外交部网站，https://www.fmprc.gov.cn/web/gjhdq_676201/gj_676203/fz_677316/1206_677752/1206x0_677754/，最后访问日期：2019年11月6日。

② 《几内亚比绍执政党赢得议会选举》，新华网，http://www.xinhuanet.com/world/2019 – 03/14/c_1124234155.htm，最后访问日期：2019年11月10日。

riano Cassamá）担任议长。

二 司法制度

几内亚比绍最高法院是最高司法机关，总检察院为最高检察机关。最高法院院长由最高司法委员会选举产生，由总统任命。而总检察长则由政府提名、总统任命。2012 年 12 月，保罗·萨尼亚（Paulo Sanhá）就任最高法院院长。总检察长埃梅内吉尔多·佩雷拉（Hermenegildo Pereira）于 2014 年 10 月就职。

第四节　主要政党

几内亚比绍共有 32 个政党，其中几内亚和佛得角非洲独立党、社会革新党、团结社会民主党、独立和发展共和党以及民主更替运动—15 人小组等政党在民众之间的影响力较大，并均在议会选举中占有较多席位。

一 几内亚和佛得角非洲独立党

几内亚和佛得角非洲独立党（Partido Africano da Independência da Guiné e Cabo Verde，PAIGC）简称几佛独立党。于 1956 年 9 月 19 日创立，约有 30 万党员。几佛独立党成立初期，成员主要是几内亚比绍和佛得角的爱国者。其宗旨是实现民族团结，捍卫和巩固独立，为创建在人民团结一致、社会公正法治基础上的民主社会而奋斗。成立之后，几佛独立党采取一系列和平请愿的手段，促使葡萄牙放弃殖民占领。但在 1959 年比绍大屠杀后，该党放弃和平斗争，采取武装反抗，并于 1973 年宣布建立几内亚比绍共和国。几内亚比绍独立后几佛独立党长期执政，实行一党制。1994年，几内亚比绍正式实行多党制，同年 8 月，几佛独立党候选人维埃拉首次在多党制总统和立法选举中获胜。但之后几佛独立党在 1999 年 11 月举行的总统和立法选举中失利，沦为在野党。2008 年重新执政。2012 年，几内亚比绍发生军事政变，在此之后，几佛独立党一度被排除在过渡政权之外。2014 年 2 月，几佛独立党召开第八次全国代表大会，多明戈斯·西蒙斯·佩雷拉（Domingos Simões Pereira）当选为新一届党主席，阿贝尔·达席尔瓦（Abel da Silva）出任全国总书记。2014 年 4 月，几佛独立党赢得立法选举后再度执政，佩雷拉出任几内亚比绍总理一职。2018 年 2 月，该党召开第九次全国代表大会，佩雷拉任几佛独立党主席，伊雅齐担任全国总书记。2019 年 3 月 10 日，该党在几内亚比绍议会选举中赢得了 102 席中的 47 席，虽然仍是第一大党，但失去 10 席令该党失去了议会控制权，出现了悬峙议会的局面。①

二　社会革新党

社会革新党（Partido da Renovação Social，PRS）简称社革党。1991 年 5 月，几内亚和佛得角非洲独立党将多党制引入几内亚比绍。社会革新党由几内亚和佛得角非洲独立党前成员昆巴·亚拉（Kumba Yala）于 1992 年 1 月 24 日创立，党员约 50 万人，在工人及农民中的影响较大。其宗旨是一切为了人民，主张优先进行国家建设、建立民主法制、实施良政，倡导民族团结与和

---

① 《几内亚比绍执政党赢得议会选举》，新华网，http://www.xinhuanet.com/world/2019-03/14/c_1124234155.htm，最后访问日期：2019 年 11 月 10 日。

解。社革党曾在 2000～2003 年执政，在 2004 年 3 月举行的议会选举中位居第二。2012 年 12 月，该党举行全国代表大会，阿尔贝托·南贝阿（Alberto Nambeia）当选党主席，弗洛伦蒂诺·佩雷拉（Florentino Pereira）担任总书记。2014 年 4 月，该党创始人、前主席、几内亚比绍前总统昆巴·亚拉因病逝世。2017 年 9月，该党举行了全国代表大会，南贝阿、佩雷拉分别连任社会革新党主席、总书记。

三 团结社会民主党

团结社会民主党（Partido Unido Social Democrata，PUSD）于 1992 年创立，是几内亚比绍的参政党。其基本路线是坚持走社会主义道路。其宗旨是建立公正、诚信和均富的社会。目前党主席职位空缺，马马杜·阿里·贾洛（Mamadú Ali Djaló）担任总书记。

四 独立和发展共和党

独立和发展共和党（Partido Republicano para Independência e Desenvolvimento，PRID），成立于 2008 年 3 月，脱离了支持总统若奥·贝尔纳多·维埃拉的几内亚和佛得角非洲独立党，并由阿里斯蒂德斯·戈梅斯担任主席。此后，在戈梅斯的领导下，在 2008年议会选举的普选中名列第三，并赢得了 102 个席位中的 3 个议席，成为执政联盟的一部分。但在 2014 年的选举中，独立和发展共和党失去了所有的席位，而安东尼奥·阿方索·泰（Antonio Afonso Té）在总统选举中以 7% 的选票名列第七。该党主席戈梅斯于 2018 年 4 月担任几内亚比绍总理，此前还曾于 2005 年 11 月 2

日至 2007 年 4 月 13 日担任总理。

五 民主更替运动—15 人小组

民主更替运动—15 人小组（Movimento para a Alternância Democrática—Grupo dos 15）于 2018 年 6 月创立，由 15 名几内亚和佛得角非洲独立党前议员发起。该 15 人曾在 2015 年议会审议几内亚和佛得角非洲独立党政府施政计划时投弃权票。该党以恢复几内亚和佛得角非洲独立党成立之初的原则为己任。虽为新党，但在 2019 年 3 月 10 日举行的几内亚比绍议会选举中，赢得了 102 席中的 27 席，得票率排在第三。其主要领导人为布拉伊马·卡马拉（Braima Camara）。[①]

2020 年 1 月 1 日，乌马罗·西索科·恩巴洛作为该党候选人，在总统选举第二轮投票中，以 53.55% 的得票率成功当选几内亚比绍总统。该党从此成了几内亚比绍发展最快的政治力量。

六 其他政党

几内亚比绍其他政党如表 3 - 3 所示。在 2019 年 3 月 10 日的全国议会选举中，几内亚和佛得角非洲独立党以 35.22% 的得票率，获得了 47 个议席。社会革新党以 21.10% 的得票率，赢得了 21 个议席。而民主更替运动—15 人小组以 21.07% 的得票率取得 27 个议席。[②]

---

① 《几内亚比绍执政党赢得议会选举》，新华网，http://www.xinhuanet.com/world/2019 - 03/ 14/c_1124234155.htm，最后访问日期：2019 年 11 月 10 日。

② 《几内亚比绍执政党赢得议会选举》，新华网，http://www.xinhuanet.com/world/2019 - 03/ 14/c_1124234155.htm，最后访问日期：2019 年 11 月 10 日。

表 3 - 3　几内亚比绍其他政党名称

中文译名	葡萄牙语名称
民主阵线	Frente Democrática
几内亚比绍抵抗运动	Resistência da Guiné - Bissau
民主汇合党	Partido da Convergência Democrático
变革联盟党	Partido União para a Mudança
民主社会阵线	Frente Democrática Social
国家独立斗争阵线	Frente de Luta pela Independência Nacional
几内亚比绍生态保护联盟	Liga Guineense de Protecção Ecológica
几内亚比绍社会民主—公民论坛	Fórum Cívico Guineense Social Democracia
社会民主党	Partido Social Democrata
民主与进步全国联盟	União Nacional para a Democracia e Progresso
革新与进步党	Partido de Renovação e Progresso
几内亚比绍民主社会党	Partido Democrático Socialista Guineense
社会联盟	Aliança Socialista
几内亚比绍人民党	Partido Popular Guineense
几内亚比绍社会党	Partido Socialista da Guiné-Bissau
几内亚比绍民主社会解决党	Partido Democrata Socialista Solução Guineense
民族团结党	Partido da Unidade Nacional
团结劳工党	Partido de Solidariedade e do Trabalho
人民宣言党	Manifesto do Povo
几内亚比绍民主运动	Movimento Democrático Guineense
几内亚比绍民主党	Partido Democrático Guineense
进步党	Partido para o Progresso
几内亚比绍爱国者联盟	União dos Patriotas Guineense
全国和解党	Partido de Reconciliação Nacional
新民主党	Partido da Nova Democracia
人民民主党	Partido Popular Democrático

中文译名	葡萄牙语名称
民主、发展与公民党	Partido para a Democracia Desenvolvimento e Cidadania

资料来源：《几内亚比绍国家概况》，中华人民共和国外交部网站，https://www. fmprc. gov. cn/web/gjhdq_ 676201/gj_ 676203/fz_677316/1206_677752/1206x0_677754/。

第五节　军事概况

一　军队发展简况

几内亚比绍军队称人民革命武装部队（People's Revolutionary Armed Force），创建于 1964 年 11 月 16 日。总统为武装部队最高统帅。政府设国防与祖国解放战士部，下辖总参谋部，总参谋长由总统根据政府建议任免。几内亚比绍实行义务兵役制，士兵的服役期为 2～3 年，军官为 10 年以上。2008 年，欧盟帮助几内亚比绍制订了一项裁军计划。该计划规定，2009 年底前，几内亚比绍将完成武装部队、警察和司法系统的缩编和减员任务。2012 年 6 月 12 日，几内亚比绍在澳大利亚智库发布的《2012 年全球和平指数》的排名中位列第 96 位。[1] 比亚盖·纳·恩坦（Biaguê Na Ntan）于 2014 年 9 月担任人民革命武装部队总参谋长。目前登记在册的军队总人数为 4500 人，警察等安全部门人员总数约为 3000 人。[2]

---

[1] 乔旋、李广一编著《几内亚比绍》，第 54～58 页。

[2] 《几内亚比绍》，中国领事服务网，http://cs. mfa. gov. cn/zggmcg/ljmdd/fz_648564/jnybs_ 649683/，最后访问日期：2019 年 11 月 9 日。

二 国防体制

（一）兵役制度

几内亚比绍实行义务兵役制。具体来讲主要分为三种情况：第一种，对 16 岁以上并征得父母同意的公民实行志愿兵役制；第二种，对 18～25 岁的公民实行选择性义务兵役制；第三种，空军服役是自愿兵役制。

（二）军队编制

几内亚比绍的武装力量由正规军和准军事部队构成。正规军主要分为海、陆、空三个军种。其中陆军由五个步兵营、一个装甲旅、一个炮兵营、一个通信营、一个侦察大队和一个工兵连组成。[1] 由于国家经济落后，所以国防预算、开支都比较低。其陆军装备主要为坦克、火炮、装甲车以及防空导弹等；海军装备有少量舰艇；而空军只有一架作战飞机和一架战斗直升机。[2]

准军事部队成员为宪兵，由现役人员组成，隶属国防与祖国解放战士部。军官军衔分为三等七级：将官——准将；校官——上校、中校、少校；尉官——上尉、中尉、少尉。2014 年 10 月 1 日，国防与祖国解放战士部进行新一批司局长任命就职典礼，其名单详见表 3-4。

表 3-4　2014 年 10 月 1 日几内亚比绍国防与祖国解放战士部任命名单

姓名	军衔	任命职务
佩德罗·科斯塔	准将	国防与祖国解放战士部基础设施建设、装备、军需总局局长

---

[1]　乔旋、李广一编著《几内亚比绍》，第 54～58 页。
[2]　乔旋、李广一编著《几内亚比绍》，第 54～58 页。

续表

姓名	军衔	任命职务
若阿金·门德斯	上校	国防研究所所长
阿尼巴尔·达科斯塔	上校	新兵招募和人事管理总局局长
席尔瓦·费雷拉	上校	国防与祖国解放战士部军备和后勤总局局长

资料来源：乔旋、李广一编著《几内亚比绍》。

三　对外军事关系

（一）同塞内加尔的军事关系

1974年9月24日，几内亚比绍与塞内加尔建交，并签订友好条约。两国一直对海域的划分有争议，曾就此诉诸日内瓦国际仲裁法庭和海牙国际法院。几内亚比绍同塞内加尔南部要求独立的卡萨芒斯地区接壤，曾参与调解卡萨芒斯问题，并促成塞内加尔政府与卡萨芒斯地区反政府武装卡萨芒斯民主力量运动达成停火协议。近年来，双方成立了边境定期接触机制。2012年几内亚比绍发生政变后，塞内加尔作为西非国家经济共同体成员积极参与危机的调解，促成过渡期有关安排，并在西非国家经济共同体框架下参与向几内亚比绍派遣安全部队。2014年3月6日，塞内加尔总统萨勒宣布，塞内加尔全面支持几内亚比绍选举，并表示在大选之后，将全力帮助几内亚比绍进行国防和安全建设与部队改革。

（二）同法国的军事关系

几内亚比绍与法国于1975年建交。1998年几内亚比绍发生兵变后，法国支持塞内加尔和几内亚出兵平叛并提供军用物资。1999年5月，维埃拉总统下台后，几内亚比绍军委会因不满法国偏袒维埃拉而焚毁法国驻几内亚比绍大使馆。之后，两国关系一度紧张。亚拉总统执政后，法国重新恢复与几内亚比绍的合作。2003年，几内亚比绍又遭遇军事政变，法国向几内亚比绍过渡政府提供数次援助。

（三）同国际社会的军事关系

几内亚比绍自身经济的限制导致其国防建设非常落后。欧美国家及一些国际组织经常向几内亚比绍提供资金与军事物资等方面的援助。2007年10月，葡萄牙政府向几内亚比绍军方捐赠了价值2亿西非法郎的物资，其中包括军服及教学器材等。2008年1月22日，欧盟与几内亚比绍签订了一份协议，其中内容规定欧盟向几内亚比绍提供770万欧元来支持几内亚比绍国防和安全领域的改革。[1] 2012年3月15日，在联合国开发计划署的要求下，几内亚比绍政府内部举办了军队及警察官员培训班，用来应对大选期间可能出现的突发事件。2013年7月3日，西非国家经济共同体向几内亚比绍提供了470万欧元，来帮助修复几内亚比绍的三个军营。[2] 此外，还有诸多国家和组织向几内亚比绍提供资金及军事物资的援助，例如日本、佛得角、尼日利亚、几内亚等。

国际组织不仅从军事物资上帮助几内亚比绍，还在几内亚比绍国内政局动荡时，提供军事安全方面的调停、援助及保障。例如，2009年3月，几内亚比绍总统维埃拉遭袭身亡后，葡萄牙政府率葡语国家共同体代表团赴几内亚比绍斡旋；2009年8月，由于几内亚比绍长期被军人干政，欧盟帮助该国实行安全防卫领域

---

[1] 乔旋、李广一编著《几内亚比绍》，第54～58页。
[2] 乔旋、李广一编著《几内亚比绍》，第54～58页。

的改革；2012 年"4·12"军事政变后，西非国家经济共同体成员召开会议，决定派遣西非国家经济共同体警备部队赶赴几内亚比绍，确保该国尽快恢复宪法秩序并帮助其进行国防和安全部门改革；2015 年 8 月 12 日，总统瓦斯解散总理佩雷拉所组建的政府，几内亚比绍又陷入乱局之中，同年 9 月，西非国家经济共同体首脑在紧急会议后，宣布将西非国家经济共同体驻几内亚比绍军事特遣队时间延长到 2016 年 6 月。面对几内亚比绍国内军事乱局，国际组织积极地采取各方面措施，从而促进了几内亚比绍的和平及稳定。

第四章
几内亚比绍的经济发展概况

第一节 经济概述

一 经济发展现状

联合国公布的《2014 年最不发达国家报告》中，几内亚比绍被联合国定为全球 48 个"最不发达国家"之一。作为一个典型的农业国，几内亚比绍经济发展极为缓慢，人民生活水平低下，贫困问题严重。

美国智库传统基金会公布的《2018 年经济自由度指数》报告显示，在全球参评的 180 个经济体中，几内亚比绍综合得分为 56.9 分，比 2016 年上升 0.8 分，位列第 117 位，属于"较不自由经济体"。

由表 4-1 可知，几内亚比绍国内生产总值的实质增长率从 2013 年的 0.9% 增长到 2017 年的 5.92%，增长了 5.02 个百分点。人均 GDP 由 2013 年的 524 美元增长到 2017 年的 724 美元，有一定的增长。国内生产总值从 2013 年的 8.29 亿美元，稳步增长到 2017 年的 13.47 亿美元，经济持续稳步增长。

表 4 - 1　2013~2017 年几内亚比绍主要经济指标

年份	2013	2014	2015	2016	2017
国内生产总值（亿美元）	8.29	10.60	11.07	11.26	13.47
国内生产总值的实质增长率（%）	0.9	2.9	4.5	4.9	5.92
人均 GDP（美元）	524	623	651	620	724
通胀率（%）	0.9	-1.1	1.1	1.5	2.8

资料来源：伦敦《经济季评》。

从图 4 - 1 可以看出，2011~2018 年几内亚比绍 GDP 增长速度呈明显波浪形，波动幅度较大。这表明，几内亚比绍的经济发展很不稳定，主要原因在于其国内政治局势不稳，导致社会经济发展缓慢。2014 年后，国内政治环境趋于稳定，经济开始复苏。2015 年至 2017 年 GDP 增长速度均在 6% 左右。2018 年 GDP 增长速度下降至 3.9%。几内亚比绍 GDP 增长速度下降主要有三个原因：一是几内亚比绍国内出现政治危机，政局的动荡不安让许多投资者望而却步；二是 2018 年领导人将腰果出口价格抬高，使其高于国际市场的平均水平，导致腰果出口数量下降；三是经济的不健康发展使银行无法进行融资，导致了国内不良信贷的出现。

1997 年 3 月，几内亚比绍加入西非经济货币联盟，原货币比索开始兑换非洲金融共同体法郎，简称西非法郎（FCFA）。当前，西非法郎的纸币面值有 1000 西非法郎、2000 西非法郎、5000 西非法郎和 10000 西非法郎。硬币面值有 1 西非法郎、5 西非法郎、10 西非法郎、25 西非法郎、50 西非法郎、100 西非法郎、200 西非法郎、250 西非法郎和 500 西非法郎。西非法郎兑外币汇率由西非国家中央银行决定并公布，2019 年的汇率约为 1 美元兑换 593 西非

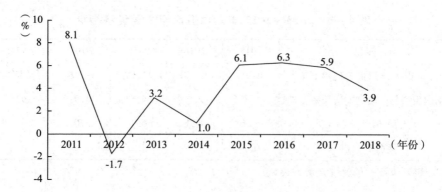

图 4 - 1　2011～2018 年几内亚比绍 GDP 增长速度

资料来源：世界银行网站，https://data. worldbank. org. cn/indicator/NY. GDP. MKTP. CD，最后访问日期：2019 年 11 月 15 日。

法郎，人民币和港币不能与当地货币直接兑换。

二　经济制度

2005 年以来，几内亚比绍政府先后制定并实施了第一个和第二个减贫战略和多样化种植战略，推动财政税收改革，稳定金融秩序，加强行政管理，建设公共基础设施，全国经济形势在逐步好转，发展前景良好。2009 年，几内亚比绍政府改革财政税收政策，加强公共行政管理，努力促进经济发展。受 2008 年国际金融危机影响，几内亚比绍粮油价格大幅上涨。2010 年，政府继续坚持实施减贫战略，努力减轻债务负担，腰果出口和财政收入有所增加。同年 12 月，几内亚比绍达到"重债穷国倡议"完成点，国际货币基金组织等先后宣布免除其 90% 以上的债务。

政治的不稳定持续影响着几内亚比绍的经济发展，频繁的政权更迭导致几内亚比绍国家内部的政治关系一直较为紧张，使经济发展持续波动，难以保持稳定。过去几年中，由国外资金援助的公共投资项目和外商投资开采的计划都因国内政局动荡而被延迟。

在国际货币基金组织和世界银行的支持下，几内亚比绍先后实行了"结构调整计划""恢复私有制及发展方案""重债穷国减债计划"等，旨在取消对市场和价格的官方管制，发展农业和私有经济，实行贸易自由化，减少政府财政支出，减少财政赤字。但其政策缺乏透明度，政府办事效率低下，财政困难，基建设施落后，疾病灾害肆虐，虽经多年的努力，国家经济仍不见明显改善，百废待兴，发展任重道远。

第二节 农、林、畜牧、渔业的发展情况

一 农、林、畜牧、渔业的发展现状

（一）农业的发展现状

几内亚比绍是典型的农业国，农业种植主要以家庭为单位。几内亚比绍的农业产值2014年为159367百万西非法郎，2017年为186199百万西非法郎，呈增长趋势（见表4-2）。

表4-2 2011~2017年几内亚比绍农业产值

单位：百万西非法郎

年份	2011	2012	2013	2014	2015	2016	2017
农业产值	164368	164281	170407	159367	164041	172727	186199

资料来源：EIU Country Data，https://store.eiu.com/product/premium-country-access，最后访问日期：2019年11月15日。

为了增加出口以赚取外汇，几内亚比绍政府十分重视各种经济作物，如花生、腰果、棉花、棕榈仁、椰子等。

几内亚比绍也是腰果生产大国。几内亚比绍的腰果是世界质

量最好的腰果之一，生腰果果仁产出率高于许多其他出口国，在国际市场上得到了普遍认可。近十年来，腰果产业已成为几内亚比绍最重要的经济支柱，产量逐年增加，种植规模达到 30 万公顷。

目前，85% 的腰果种植园属于农户家庭式小规模型，这是几内亚比绍腰果种植的基本模式，全国有 25 万农户 100 多万人参与腰果种植。腰果种植面积占全国领土的 4.8%，超过其他生产国的平均水平（2%）。[①]

（二）林业的发展现状

几内亚比绍拥有 300 万公顷天然牧场。林业资源丰富，森林面积达 235 万公顷，森林覆盖率达 56%。[②]

几内亚比绍的原木和锯材历来是重要的出口物资，出口国家包括葡萄牙、中国、黎巴嫩、瑞典、荷兰、法国等，这两项的出口是外汇的主要收入之一。2013～2016 年几内亚比绍主要林产品进出口情况见表 4-3。

表 4-3　2013～2016 年几内亚比绍主要林产品进出口情况

单位：千美元

	2013	2014	2015	2016
原木进口额	7	18	18	18
原木出口额	10190	50004	17815	17815
锯木进口额	1001	270	212	169

[①] 《几比将从 2017 年开始实施新的腰果出口规定》，中华人民共和国驻几内亚比绍共和国大使馆经济商务处网站，http://gw.mofcom.gov.cn/article/jmxw/201704/20170402554007.shtml，最后访问日期：2020 年 3 月 14 日。

[②] 《几内亚比绍国家概况》，中华人民共和国外交部网站，https://www.fmprc.gov.cn/web/gjhdq_676201/gj_676203/fz_677316/1206_677752/1206x0_677754/，最后访问日期：2020年 3 月 14 日。

	2013	2014	2015	2016
锯木出口额	159	75	60	60

资料来源：联合国粮食及农业组织网站数据库。

近年来，几内亚比绍经济私有化进程加快，加上国家经济十分困难，为增加财政收入，政府大量发放林业开发许可证。目前，几内亚比绍境内所有的林地开发权已被买断。几内亚比绍林业有关法律规定，每砍伐 100 立方米的木材资源，应种植 4 万平方米的同类树种。

SOCOTRAM 公司是几内亚比绍境内唯一的国有林业开发公司，然而由于经营情况不理想，现在处于半倒闭状态。另外，当地还有五家木材加工企业，均由华侨经营，主要业务是把原木加工成板方材等半成品后运回中国出售或深加工，原材料主要树种为非洲黄花梨。五家木材加工企业均使用中国生产的设备，以沈阳带锯机械有限公司生产的带锯机、圆锯机、辊压机、磨锯机、锉锯机、开齿机为主。然而，由于当地电力供应不足，停电现象频发，各加工企业的产能受到限制，无法满负荷生产。

（三）畜牧业的发展现状

几内亚比绍拥有约 300 万公顷的天然优质牧场，适合发展畜牧业。几内亚比绍的牲畜种类主要是热带的肉牛、奶牛、山羊、绵羊、马、驴、猪等。畜牧业产值约占国内生产总值的 15%。几内亚比绍没有规模化的家畜家禽饲养场和饲料加工厂，家畜家禽都是自然放养，各种流行性病害得不到控制，对畜牧业影响很大。

近年来，养鸡的家庭和鸡的数量稍有增加，而养鸭数量变化不大。由于几内亚比绍政局动荡，自然灾害频发，对国际社会援助的依赖性增强，粮食产量逐年下降，加之病害的流行，这些都导致畜牧业逐年衰退。[①]

2014 年 11 月 12 日，几内亚比绍北部边境城市 Bigene 举行"跨边境牲畜交易市场"开工奠基仪式，该项目由西非经货联盟援助，总投资为 5.1 亿西非法郎，项目内容包括修复比绍市屠宰场。牲畜交易市场的发展将促进区域贸易量的提高，并有助于减少贫困和加强区域经济一体化发展。比绍市屠宰场的修复也将有助于规范宰杀程序，减少疾病传播。西非经货联盟负责提高区域农牧产品产量及销售额，并保障区域食品安全。

（四）渔业的发展现状

几内亚比绍海岸线长，多内河入海口，岛屿众多，又因其海域受冷暖海水交流影响，水温、营养成分均适宜鱼类繁殖生长，其渔业资源十分丰富。

从 20 世纪 70 年代末开始，几内亚比绍渔业迅速发展起来。但由于缺乏现代化捕捞工具，当地渔民多为手工操作，水产品的产量不高。除此以外，捕获的鱼类在国内仅进行简单加工，手工捕获的鱼约 50% 由妇女在市场上以鲜鱼销售，余下的 50% 被加工。全国对鱼的消费为每人每年 5.4 公斤，市场供应良好。

几内亚比绍是大西洋东部国家渔业委员会的成员国。几内亚比绍政府对专属经济区范围内的海域实行严格的渔业管理，执行禁渔区线制度、幼鱼比例检查制度和海上监护制度。在禁渔区线以内严禁外国持证渔船进入捕鱼，违者罚款。渔获物中体长 15 厘米以下的幼鱼不得超过 30%，违者罚款。

---

① 卢远华、朱穆君等：《几内亚比绍共和国农业生产现状》，《农业开发与装备》2012 年第 6 期。

几内亚比绍沿海地区约有 5000 人以捕鱼为生，但本国没有大型捕鱼船队。渔民的渔船多为载重量 1 吨左右的小舢板或独木舟，主要在国内水域从事作业。

在禁渔区以西专属经济区范围内的海域，政府向外国渔船出售捕鱼许可证，收费标准一般为渔船每吨位每年收费 220～360 美元。海产品的出口和向外国人出售捕鱼许可证是几内亚比绍外汇收入的重要来源，每年出售捕鱼许可证的收入约为 920 万美元。根据几内亚比绍渔业和海洋经济国务秘书处起草的《2015 渔业管理规划》，几内亚比绍没有自己的渔船队，作业采用的渔船均来自欧盟、中国等地。

二　农、林、畜牧、渔业的发展困境

（一）生产方式落后

虽然几内亚比绍地理、气候等自然环境都很适宜发展农业生产，但是其生产方式落后，始终以人力劳动为主，缺乏现代化生产手段，且国家财力有限，又经常遭受干旱、虫害等自然灾害。所以，几内亚比绍的稻谷生产，无论是品种还是栽培措施都相当落后。

（二）廉价劳动力少

几内亚比绍弃农经商的人数不断增多，导致农业发展受到很大的制约，粮食不能自给自足，进口量一直保持在每年 5 万～8 万吨。农业种植技术原始、粗放，致使农产品产量低，因而以传统种植方法生产根本无法满足国内粮食需求。

（三）加工方式粗糙

几内亚比绍的腰果虽然质量好，但几内亚比绍缺乏基础设施，加工能力不足，85% 的腰果以原材料形式出口，造成出口贸易额迟迟难以上升。所以，即使出口量大，也未能给国家经济带来大幅度的增长。

（四） 林业资源破坏严重

由于长期砍伐，森林资源遭到了很大破坏。私有化的公司为了获利，只管砍伐，不管种植。加上人口大量增长、放火毁林和滥砍滥伐频发等情况，森林资源衰退十分严重。国家监管力度又远远不够，滥砍滥伐未能受到应有的控制和惩罚，价值较高的木材资源越来越少。价值高的木材资源缺乏，出口额难以上升，林业发展陷入恶性循环。

（五） 渔业开发方式不当

几内亚比绍国内缺乏大型捕鱼船，尽管渔业资源丰富，但是由于国内捕捞水平有限，一直主要由国外渔船捕捞。同时，多年来几内亚比绍发展渔业的方式就是对外出售捕鱼许可证，无论是国内的再加工产业，还是对外的渔业出口，一直都停滞不前，这是非常不健康的方式，没有对本国资源进行良好开发。

三 农、林、畜牧、渔业的发展前景

（一） 国际援助资金注入

2014 年，世界银行向几内亚比绍贷款 820 万美元，主要用于支持腰果、大米的种植和私营企业的创业。

2015 年，欧盟向几内亚比绍援助 1500 万欧元，支持几内亚比绍的农村发展项目，目的是帮助几内亚比绍良好施政、挖掘农业潜力、发展社会经济以及实现粮食自主供应等。

2015 年，几内亚比绍与国际农业发展基金签署一项农业资助协议。国际农业发展基金向几内亚比绍提供 1900 万美元，以发展几内亚比绍部分地区的农业项目。同年，欧盟和几内亚比绍签订新的渔业合作协定。其中规定，几内亚比绍允许来自欧盟多国的船只在几内亚比绍海域内进行捕捞作业，为期三年。欧盟每年支付给几内亚比绍920万欧元，其中620万欧元用于购买捕鱼许可证，300万欧元为支持几内亚比绍渔业发展资金。这项协议为渔业发展注入持续的资金支持。

2016年6月11日，几内亚比绍政府通过"粮食安全紧急援助项目"向几内亚比绍南部省吉纳拉和通巴里的农民赠送了一批农业工具和耕犁机，这些物资主要用于几内亚比绍农田整治、改善农民生产条件。

2017年，在欧盟的项目"社区农业综合发展行动"框架下，欧盟将向几内亚比绍的巴法塔、吉纳拉和通巴里等3个省提供75万欧元，主要用来帮助以上地区发展农业，促进农产品生产的多元化。

（二）对外合作逐渐增多

2014年，联合国粮农组织基金和日本共同援助的"加强最弱势群体的生计"农业援助项目，对几内亚比绍等四个西非国家投资200万美元，特别支持这些国家小规模家庭式农业生产，向农民和农场主提供农业机械，使其提高生产技术，以增强这些国家的农业竞争力，保障粮食安全。

2014年，欧盟、法国开发署、法国国际团结委员会资助的"改善几比粮食安全，促进农业和林业发展"项目在几内亚比绍正式实施。具体目标为：在当地成立农产品加工创新技术示范点，有效控制农产品质量；帮助建立销售渠道，实现农产品运输机械化。

（三）国家安全有所保障

2016年，几内亚比绍举行"Ndjamba Mané"海上护卫艇接收仪式，几内亚比绍政府和欧盟达成协议，欧盟将从西班牙不来梅造船厂购买三艘护卫艇给几内亚比绍政府，这三艘护卫艇将专门执行专属经济区海上侦察任务。这加强了几内亚比绍在专属经济区的管控能力，有助于大力打击非法捕捞作业，为国家渔业经济的增长保驾护航。

（四）环境保护意识提高

2016 年，西非六国森林专家在几内亚比绍召开会议，特别针对西非地区特有的"刺猬紫檀"等稀有木材，讨论区域木材出口控制机制。这个会议的召开说明，国际社会已经对几内亚比绍林业的发展和保护有了相应的重视。

2016 年，几内亚比绍政府召开内阁会议，决定暂停本国的木材砍伐和出口业务。这是继 2015 年 2 月几内亚比绍政府加征木材税之后再次颁发的新政令。几内亚比绍政府长期以来都把林业发展摆在重要位置，颁布的新政令体现了"边保护，边发展"的经济发展道路，有利于林业的可持续健康发展。

（五）电子信息平台上线

2013 年，联合国粮农组织向几内亚比绍投资 5 亿西非法郎，在几内亚比绍、多哥和尼日尔三国和西非经货联盟总部完成国家统计，建立了国家粮食、农业统计网站。

在国内，几内亚比绍政府也通过信息整合、免税降税、改善生产条件等措施，帮助农、林、畜牧、渔业的发展。在联合国粮农组织的帮助下，几内亚比绍建立了农业与农村发展部的官方网站，以便及时报道几内亚比绍农业新闻并完成几内亚比绍农业数据统计工作等。渔业与渔业资源部随后也创建了新网站，向潜在的国内外投资者提供几内亚比绍渔业资源、海洋生物、渔业行政管理等各种信息，向国内民众公布国家和国际渔业活动的进展情况，提高渔业管理的透明度。

（六）税务标准有所调整

2014 年 8 月 27 日，几内亚比绍农业与农村发展部和内政部联合签署了一份免征部分农、林、畜牧业产品销售税的法令。

第三节　工矿业的发展情况

一　工矿业的发展现状

（一）工业的发展现状

几内亚比绍工业基础薄弱，以农产品和食品加工为主，有碾米、木材加工、花生脱壳、榨油等工厂。此外，还有发电厂、建材厂等。2017 年工业产值约占国内生产总值的 13.6%，工业人口占劳动人口的 1%。加工业约占工业总产值的 75%。工业企业不足 100 家，大多数集中在首都比绍市，电力不足是工业发展遇到的主要瓶颈之一。[①] 2011～2017 年，几内亚比绍工业产值逐年增加（见表 4－4）。

表 4－4　2011～2017 年几内亚比绍工业产值

单位：百万西非法郎

年份	2011	2012	2013	2014	2015[*]	2016[*]	2017[*]
工业产值	50975	53515	56030	57590	60541	63444	65030

注：[*] 表示 EIU 预测值。

资料来源：EIU Country Data，https：//eiu.bvdep.com/version － 20171023.cgi/ template.dll? product = 101 &user = ipaddress&dummy_forcingloginisapi = 1，最后访问日期：2019 年 11 月 15 日。

[①]　《几内亚比绍国家概况》，中华人民共和国外交部网站：https://www.fmprc.gov.cn/web/ gjhdq_676201/gj_676203/fz_677316/1206_677752/1206x0_677754/，最后访问日期：2020 年 3 月 14 日。

自独立后，几内亚比绍政府注意吸引外资，曾同葡萄牙等国合办过一些企业，如果汁厂、啤酒厂、汽车装配厂等。但由于经营不善，这些合办企业先后倒闭。爆发的几次内战又使工业遭到不少破坏。

1986 年，在政府鼓励发展私人资本的情况下，一家年产 500 辆汽车的汽车装配厂重新投入生产。1989 年 7 月，政府与葡萄牙签订协议，葡方公司投资几内亚比绍的一家 1984 年停止生产的塑料厂，使其重新生产。

近 40 年来，位于首都比绍市博罗拉工业区的国有工厂接连破产，该工业区也逐渐变成商业贸易区。目前在该工业区只有为数不多的几家加工厂。"非洲渔业"是一家鱼产品加工厂，雇佣当地妇女加工鱼产品，其产品主要在国内市场销售。"博罗拉综合加工厂"在 2008 年被俄罗斯商人收购。该俄罗斯商人多年前向几内亚比绍政府申请了生产许可证，准备雇佣 400 名当地工人加工工业产品，但是由于政治局势动荡，该工厂的前景有些堪忧。"SOCOBIS 公司"是工业区内最大的一家贸易公司，拥有五个仓库，其中有两个大型仓库，仓库总面积达 1500 平方米。该公司已经在比绍经营了十年，雇佣当地工人 120 名。由于受国际腰果经济低迷和当年军事政变的影响，公司腰果出口受到阻滞。

几内亚比绍缺少具有一定规模的自来水厂，也没有完整的给排水系统。2011 年，比绍市内只有 13 个蓄水池，只能满足供水总需求的 52%。几内亚比绍水厂每天供水三小时，且含氟量严重超标。首都只有 7% 的居民能用上自来水，各单位自行打井取用地下水。由于几内亚比绍水源含氟量超标，矿泉水和纯净水供不应求。

几内亚比绍主要依靠柴油和水力发电，但几内亚比绍电力设施严重滞后。几内亚比绍发电厂不能满足首都居民最低需求，各单位只能购买发电机自行发电。全国家庭普遍用不上照明电，几内亚比绍首都仅有 10% 的居民能连上国家电网。目前，几内亚比绍政府主要借助外援来解决电力不足的问题。

（二）采矿业的发展现状

与很多非洲国家一样，几内亚比绍也拥有较为丰富的矿藏资源，其主要矿藏包括储量约 2 亿吨的铝矾土、储量约 1 亿吨的磷酸盐，以及储量约 11 亿桶的石油。自 20 世纪 70 年代以来，几内亚比绍的采矿业主要集中在对铝土、石油、磷矿等资源的开发和加工上。

从 20 世纪 70 年代开始，对几内亚比绍矿产的勘探工作就逐步展开，但国内经济条件限制、政治局势动荡，加上缺乏基础设施等原因，使得这些矿产资源未能得到有效开发，目前仅有少量的采石场和手工作业的金矿。

位于几内亚比绍东南部的博埃县是加布地区的第五大县，该地的铝土矿储量丰富，但由于缺乏基础设施与资金，对它的开发至今尚未开始。近年来，几内亚比绍开始将注意力集中在铝土开发上。

2007 年，几内亚比绍和安哥拉政府签署了在几内亚比绍博埃县开采铝土矿的协议，其中包括在格兰德河上建设港口和修建连接开采地和港口的铁路。

1984 年，政府与一些外国石油公司就石油勘探达成协议，允许这些公司在沿海 4500 平方千米的范围内进行探查；1985 年，政府对沿海 40 多个地区的石油开采发放了许可证。

由于沿海地区可能蕴藏着大量石油，几内亚比绍与周边国家一直在争夺这些地区。随着几内亚比绍与几内亚共同组成联合委员会和几内亚比绍与塞内加尔签署协议，几内亚比绍的石油开采逐渐走上正轨。

2015 年加拿大 GB 矿业公司与几内亚比绍达成协议，该公司将于 2018 年在几内亚比绍开采磷精矿。[①]

二　工矿业的发展困境

几内亚比绍的工业企业数量不足 100 家，电力问题是制约其发展的重要因素。

此外，政局持续动荡使众多外国资本撤销或暂停了采矿业的项目，由此几内亚比绍的采矿业一直难以得到持续发展。

三　工矿业的发展前景

较好的供水能力和供电能力是工矿业发展的基础，近年来，几内亚比绍通过援助和制定相关的发展战略，提高了供水和供电能力。几内亚比政府开始意识到，单靠矿产资源开发是不够的，开始追赶国际的脚步，发展新能源产业。

（一）供水能力得以改善

2016 年 4 月 1 日，几内亚比绍国家水电公司在比绍宣称，该公司已获得世界银行"改善比绍供水系统"项目的支持，将在首都比绍市新增三个地下水井，以提高几内亚比绍的供水能力。[②]

[①] 《加拿大 GB 矿业宣布将于 2018 年在几比开采磷矿》，中华人民共和国驻几内亚比绍共和国大使馆经济商务处网站，http://gw.mofcom.gov.cn/article/jmxw/201511/20151101162703.shtml，最后访问日期：2019 年 11 月 15 日。

[②] 《世界银行资助几内亚比绍建地下水井改善国家供水条件》，中华人民共和国驻几内亚比绍共和国大使馆经济商务处网站，http://gw.mofcom.gov.cn/article/jmxw/201604/20160401290024.shtml，最后访问日期：2020 年 1 月 14 日。

（二）供电能力得以改善

2010 年，世界银行向几内亚比绍投资 1270 万美元修缮首都比绍市的电力设施。2011 年 5 月，世界银行再次向几内亚比绍提供 220 万美元的援助，用于其饮用水和电力设施紧急恢复项目，保障比绍市能够购买一组 5 兆瓦的发电机。

2014 年，几内亚比绍政府与西非发展银行达成协议，其将资助几内亚比绍建造一个 50 兆瓦的发电站。8 月 22 日，几内亚比绍政府称，几内亚比绍正在建造的 Kaleta 大坝将于 2015 年 8 月正式开始发电，可以满足几内亚比绍全国 30% 以上的电力需求。

2015 年，世界银行向几内亚比绍提供 7800 万美元安装高压电网以及建设变电站。2019 年，西非开发银行拨款 3800 万欧元支持几内亚比绍建设光伏电站和两个 1 兆瓦的迷你电厂，[①] 光伏电站的建立将为几内亚比绍带来稳定的电力，为当地居民生活提供基本的用电保障。

（三）新能源发展提上日程

2012 年，欧盟驻几内亚比绍代表处和葡萄牙非政府组织"无国界工程师"确定投资 14 亿西非法郎，在巴法塔省邦巴丁卡县利用可再生能源（太阳能）光伏发电，实现光伏电力 400 千伏安的光伏并网发电，以满足该地区 7000 名居民的用电需求。

2013 年，几内亚比绍政府与美国一家可再生能源公司（Suntrough）在比绍市郊区举行功率为 10 兆瓦的光伏电站工程奠基仪

---

① 《几内亚比绍光伏电站建设预计 7 月开始》，澳门贸易投资促进局网站，https://www.ipim.gov.mo/zh-hant/portuguese-speaking-countries-news-tc/2019–06–12–construction-of-photo-voltaic-plant-in-guinea-bissau-expected-to-start-in-july/，最后访问日期：2019 年 11 月 15 日。

式。该工程工期为 6 个月，总造价为 3000 万美元（约 2300 万欧元），为比翁博和比绍两地 4 万人供电。

第四节　旅游业和服务业的发展情况

一　旅游业和服务业的发展现状

（一）旅游业的发展现状

受自然条件和经济发展大环境的限制，几内亚比绍旅游业落后，旅游设施很不完善，但是，几内亚比绍政府努力采取措施，充分利用优越的自然条件来发展旅游业。

（二）服务业的发展现状

1987 年初，几内亚比绍政府实行贸易自由化政策，允许私人经商，并把比绍市的国营百货商店和建材商店向私人出售。之后市场比以前活跃，街头摊贩日益增多，商品琳琅满目，私人杂货店、饭店、洗衣店等各种服务性商店也相继出现，并陆续开设了多家外汇商店。

2017 年，几内亚比绍第三产业产值占 GDP 的 47.55%，主要涉及国内贸易、餐饮、交通、通信、银行和保险。[①]

二　旅游业和服务业的发展困境

（一）旅游业的发展困境

几内亚比绍交通设施落后，阻碍了旅游业的发展。截至 2019

---

① 商务部国际贸易经济合作研究院、中国驻几内亚比绍大使馆经济商务参赞处、商务部对外投资和经济合作司：《对外投资合作国别（地区）指南——几内亚比绍（2018 年版）》，http://www.doc88.com/p-2834898930690.html，最后访问日期：2020 年 1 月 14 日。

年 11 月 25 日，从中国广州市、上海市、澳门特别行政区等地出发，并没有航班可以直飞几内亚比绍首都。如果想从中国到达比绍市，需要转机两次，耗时 20 小时以上，往返机票在 10000 元以上。这样耗时耗财的旅游方式，将打消消费者的旅游热情。

几内亚比绍存在配套设施不足的问题。几内亚比绍的酒店较少，比绍市内主要有五家酒店，分别为 Ledger Plaza Bissau Hotel、Hotel Azalai、Hotel Ancar、Bissau Royal Hotel、Ceiba Hotel Bissau，定价为 400～1200 元不等。同时，酒店缺乏配套设施，并不具备吸引力。

（二）服务业的发展困境

几内亚比绍的人均收入低，影响本国消费。几内亚比绍是重债贫穷国，80% 人口生活在农村，这类人群几乎生活在原始状态，收入微乎其微。几内亚比绍国民每天生活开支不足 0.5 美元，难以有多余的钱用于正常开支之外的消费。

几内亚比绍的市场发展不健康，农业占据重要地位。几内亚比绍战后政局一直动荡，经济不但没有发展，而且严重倒退。第二产业和第三产业尚未发展起来。

三　旅游业和服务业的发展前景

（一）旅游业的发展前景

景色优美。Saltinho 瀑布、香橙群岛国家公园、若昂拉德梅洛群岛国家海洋公园等是几内亚比绍的著名景点。几内亚比绍位于非洲大陆西海岸的突出部分，濒临大西洋，北接塞内加尔，南和东南与几内亚共和国相邻。全境位于赤道以北和北回归线以南，面向大西洋水温较高的部分，属热带气候。滨海一带，河流纵横，湖泊密布，遮云蔽日的热带森林绵延不断，犹如一座绿色的迷宫。

气候宜人。首都比绍市海拔只有 21 米，年平均气温为
26.4℃，温度的季节变化很小。虽然天气炎热，但是几内亚比绍的
昼夜温差比较大，凌晨的气温通常在 20℃ 上下，凉爽如秋。冬天
从未光临过这座城池，年极端最低气温也在 12℃ 之上。这样的气
候，适合各国人民前来游玩度假。

文化独特。在热巴河入海口处的比基吉迪码头的附近，有一
尊造型是一只握紧的拳头的雕塑，它是为纪念 1959 年 8 月 3 日该
码头工人大罢工而塑造的，象征着人民团结起来，反对殖民主义
的压迫。市区东南部是繁华的商业区，全市的大商店都集中在这
里。总统府、国家机关、天主教堂、清真寺、外国公司、银行、邮
局等也都在附近。散布在市区的葡萄牙统治时期修建的城堡和一
座座炮台成为控诉殖民者罪行的铁证。市郊多民族风格的圆顶茅
草屋和低矮的清真寺，别有一番特色。

（二）服务业的发展前景

市场潜力大。由于几内亚比绍第三产业的发展尚未走上轨道，
因此，整个第三产业的缺口十分巨大。随着经济的逐步发展，几
内亚比绍国民会逐渐产生对餐饮、保险、休闲等活动的需求。

第五节 对外贸易的基本概述

一 对外贸易现状

（一）对外贸易概述

几内亚比绍对工业制成品、机器设备、燃料和食物的需求逐
渐上升，因此 20 世纪 80 年代平均每年的进口额为 6000 万美元。

但是，20 世纪 90 年代国际汇率的调节和许多国有企业的倒闭，使几内亚比绍工业原材料的进口额急剧下降。进入 21 世纪后，由于政府调节了财政和货币政策，几内亚比绍进口额逐步上升。

自 2014 年至 2018 年，几内亚比绍的出口总额逐年上升，从 2014 年的 1 亿 6600 万美元增长到 2018 年的 3 亿 4710 万美元，大约增长了 1 倍，但进口总额呈负增长趋势（见表 4 - 5）。未来几内亚比绍须稳定国内政局，促进经济的增长，从而扩大进口。

表 4 - 5　2014~2018 年几内亚比绍进出口贸易统计

单位：百万美元

年份	2014	2015	2016	2017	2018
出口额	166	255.2	274.3	328.1	347.1
进口额	-214.2	-206.9	-221.1	-283.5	-330.1

资料来源：伦敦《经济季评》、澳门贸易投资促进局网站。

几内亚比绍于 2016 年 10 月 24 日正式宣布实施西非国家经济共同体共同关税政策。根据该政策，关税同盟国家之间取消关税和贸易限制，对来自非同盟国家的进口产品征收统一的对外关税。[①] 几内亚比绍几乎所有的运输工具、石油制品和机械设备都依赖进口，食物和生活消费品在进口中占较大比例。

几内亚比绍自 1995 年 7 月加入世界贸易组织后，其平均进口关税有所下降，但在发展中国家中仍属比较高的行列。[②] 几内亚比

[①]《比绍实施西非国家经济共同体共同关税政策》，中华人民共和国驻几内亚比绍共和国大使馆经济商务处网站，http://gw.mofcom.gov.cn/article/ddfg/201103/20110307452693.shtml。

[②]《几比对外贸易的法规和政策规定》，中华人民共和国驻几内亚比绍共和国大使馆经济商务处网站，http://gw.mofcom.gov.cn/article/ddfg/201103/20110307452693.shtml，最后访问时间：2019 年 11 月 15 日。

绍与世界各国都有贸易往来，对制成品关税没有国别歧视政策，对所有国家的产品一视同仁，对制成品按不同税率征收关税。机电产品整机进口关税相对高些，散件进口的关税相对低些，平均税率约为37%。

（二）主要贸易国

2017年几内亚比绍的主要出口目的地为印度、越南、尼日利亚、多哥，印度占比最高为67.5%，其次是越南，多哥占比最低，只有1.9%（见表4-6）。出口货物以腰果、鱼类及虾类为主。

2017年几内亚比绍主要进口来源地包括葡萄牙、塞内加尔、中国、巴基斯坦（见表4-7），主要进口货物有食品、石油产品、资本货物。几内亚比绍的燃料主要从葡萄牙和塞内加尔进口；建材从葡萄牙、西班牙和摩洛哥进口；食品主要从葡萄牙、西班牙、塞内加尔和冈比亚进口，其中大米主要来自中国、泰国、越南和巴基斯坦等；汽车主要从西班牙、日本和南非进口；家用电器大多来自欧洲；生活日用品多数来自欧盟和邻国。

此外，中国对几内亚比绍出口的货物主要有机电产品、交通运输工具、高新技术产品、纺织品等，中国从几内亚比绍进口的货物主要有腰果、芝麻、花生。

表4-6　2017年几内亚比绍贸易主要出口目的地

单位：%

主要出口目的地	占比
印度	67.5
越南	21.0
尼日利亚	3.9
多哥	1.9

续表

主要出口目的地	占比
其他	5.7

资料来源：澳门贸易投资促进局网站，https://www.ipim.gov.mo/zh-hant/market-information/portuguese-speaking-countries/portuguese-speaking-countries-briefing/guinea-bissau/，最后访问日期：2019 年 11 月 15 日。

表 4 - 7　2017 年几内亚比绍贸易主要进口来源地

单位：%

主要进口来源地	占比
葡萄牙	45.9
塞内加尔	11.6
中国	10.0
巴基斯坦	8.6
其他	23.9

资料来源：澳门贸易投资促进局网站，https://www.ipim.gov.mo/zh-hant/market-information/portuguese-speaking-countries/portuguese-speaking-countries-briefing/guinea-bissau/，最后访问日期：2019 年 11 月 15 日。

二　外国援助概述

据经济合作与发展组织统计，2017 年几内亚比绍共接受外援 1.13 亿美元，主要援助方有意大利、欧盟、葡萄牙、美国、世界银行国际开发协会、国际货币基金组织、非洲开发银行、联合国儿童基金会、联合国开发计划署等（见表 4 - 8）。

表 4 - 8　2017 年几内亚比绍外国援助情况

单位：万美元

主要援助方	金额
意大利	5163

续表

主要援助方	金额
欧盟	2344
世界银行国际开发协会	1314
葡萄牙	1180
美国	969
国际货币基金组织	775
非洲开发银行	504
联合国儿童基金会	342
联合国开发计划署	309

资料来源:《几内亚比绍国家概况》,中华人民共和国外交部网站,https://www.fm-prc.gov.cn/web/gjhdq_676201/gj_676203/fz_677316/1206_677752/1206x0_677754/,最后访问日期:2020年1月14日。

2012年几内亚比绍发生政变后,世界银行、非洲开发银行等机构暂时中止了对几内亚比绍的援助。2015年4月,国际货币基金组织和世界银行公布的"重债穷国倡议"援助名单中包含几内亚比绍。

2017年5月,国际货币基金组织工作小组结束对几内亚比绍的考察访问,并宣布解冻援几内亚比绍的370万欧元贷款。2015年3月,几内亚比绍在布鲁塞尔召开捐助者圆桌会议,国际社会做出总额约为14亿美元的认捐,但至今只兑现了少量承诺。截至目前,来自世界银行、国际农业发展基金、建设和平基金、非洲开发银行、西非开发银行和葡萄牙的认捐资金约1.5亿美元。

2018年9月,世界银行常驻几内亚比绍代表宣布,2019年该组织将向几内亚比绍提供1500万美元贷款,用于为几内亚比绍北部和东部省份的一些乡村修建沥青公路。另外,由于几内亚比绍道路上的大多数路标已被损坏，世界银行计划 2019 年 1 月为修复几内亚比绍主要公路上的标牌提供资金，以减少交通事故。

三　对外贸易的困境与机遇

（一）对外贸易的困境

国人购买力低。几内亚比绍是重债穷国，人均国内生产总值为 179 美元，目前国家一般公务员月平均收入约 2 万西非法郎（约合 27 美元），而且工资经常被拖欠，收入微乎其微。

市场容纳不足。几内亚比绍没有苛刻的有形贸易壁垒，对机电产品质量规格和性能要求也不高，同时，几内亚比绍商品市场结构单一，且容量十分有限，虽对汽车、拖拉机、发电机、计算机等产品有一定的需求量，但购买力有限，很难形成规模。其他如电视机、冰箱、洗衣机、影碟机、空调等产品，因目前经济困难、电力严重短缺，其市场走势平淡。

相关费用高昂。几内亚比绍对进口商品所征各种税费较高。一是码头的各种费用，包括码头使用费、装卸费、搬运费，如果要在码头或仓库停放，则需另外缴纳搬运费。二是商品海关税和销售税及其他费用，总计约为货物价值的 37.5%。

外汇手续烦琐。西非银行是几内亚比绍目前唯一的一家银行，且为成立不久的私营银行，资本有限，账务处理手续费很高，资金的安全难以得到保障。几内亚比绍流通货币是西非法郎，属自由兑换货币，对通过正规渠道把资金向境外转移，政府有各种要求和规定。如果要快速把资金转汇到国内，可通过西联汇款驻几内亚比绍代表处办理，收费较高。若开立外汇账户，须经财政部审批。

贸易信用不高。几内亚比绍实力雄厚的公司和商人屈指可数，大部分公司和商人在战乱期间受损，公司之间以及公司与国家之间大都存在债务纠纷，商人支付能力有限。

（二）对外贸易的机遇

几内亚比绍加入了多个贸易组织，关税和限制减少。几内亚比绍是世界贸易组织、西非经货联盟成员方，对贸易尤其是进口没有过多限制。几内亚比绍在开拓商品市场方面虽遇到了各种各样的困难，甚至较大风险，但几内亚比绍开展贸易的内外环境在逐步向好的趋势转化。此外，几内亚比绍政府计划把各种税费降到西非经货联盟的平均水平，达到世界银行、国际货币基金组织的要求，促进贸易额增长和经济发展。

几内亚比绍国内政局趋于稳定，基础设施需求量大。相对于刚独立时而言，这几年几内亚比绍国内政局趋于稳定，为在几内亚比绍开展贸易活动提供了先决条件。随着政局、安全趋于好转，国际社会也将启动对其援助，一些基础设施项目有可能开启，建材需求量将逐步增加。

几内亚比绍出台贸易优惠政策，大力吸引外国资本。几内亚比绍私营投资促进局（DPIP）和几内亚比绍经济与财政部下属的投资保护办公室（GAI）负责受理审核有关优惠待遇等事宜。

几内亚比绍自然条件十分优越，劳动力充足。几内亚比绍拥有优越的自然条件，可兼营农牧渔业，市场门槛不高，劳动力充裕，具有成本优势，并欢迎低端产业。多年来，当地政府致力减贫，建设电力、港口、通信、渔业、航空、旅游等设施，经济持续稳定增长。

营商环境得以改善，市场前景逐渐明朗。世界银行的《2019

年营商环境报告》指出，几内亚比绍 2017~2018 年度全球营商环境便利度在 190 个国家和地区中排名第 175 位，比 2016~2017 年度上升了 1 位，其主要是在执行合同（处理商业纠纷）方面取得了进步。

第五章
几内亚比绍的社会发展特征

作为大西洋沿岸的西非国家，几内亚比绍有出生率高、死亡率高的特点，因此该国人口特征呈"年轻化"态势。由于几内亚比绍政局不稳定，经济基础薄弱，习俗信仰较多，因此几内亚比绍基础设施差，人口保障制度不健全，社会发展相对落后。

第一节　人口特征

自几内亚比绍独立以来，男女比例、城镇与农村人口的比例均相对稳定，人口发展呈持续增长趋势，但人口增速变化不定。

一　人口结构

自 1973 年独立以来，几内亚比绍人口总数由 74.61 万人增至 2018 年的 180 余万人，一直保持持续增长状态。2018 年，几内亚比绍的女性人数为 95.17 万人，占总人口的比重为 50.78%；男性人数为 92.26 万人，占总人口的比重为 49.22%。[1] 近几年来，男女人口比例保持在相对稳定的状态（见图 5－1）。

---

[1] 《2010—2018 年几内亚比绍共和国人口总数及人口结构分析》，华经情报网，https://www.huaon.com/story/449936，最后访问日期：2019 年 11 月 15 日。

图 5－1　2015～2018 年几内亚比绍人口性别比例

资料来源："The World Factbook—Guinea - Bissau"，https：//www. cia. gov/library/publi-cations/resources/the-world-factbook/geos/pu. html，最后访问日期：2019 年 11 月 15 日。

从居住地区来看，农村人口数量多于城镇人口。据统计，几内亚比绍国内大约五分之一的人口都居住在首都比绍，造成比绍市人多拥挤、配套设施不足等情况。2018 年，几内亚比绍城镇人口数量为 81.27 万人，占总人口的 43.36%；农村人口数量为 106.16 万人，占总人口的 56.64%。[①] 2015～2018 年几内亚比绍的城镇、农村人口数量均保持稳定增长状态，且城镇人口数量的增长幅度大于农村人口的增长幅度（见图 5－2）。预计 2019 年以后几内亚比绍的城镇、农村人口数量依旧会保持如今稳步增长的势态。

几内亚比绍居民的平均预期寿命低于世界人口的平均寿命，为 59.5 岁。其中，男性居民的平均预期寿命为 58 岁，而女性居民为 61 岁，这些数据与 1973 年独立后所统计的平均预期寿命 41.6

---

① "The World Factbook—Guinea-Bissau"，https：//www. cia. gov/library/publications/resources/the-world-factbook/geos/pu. html，最后访问日期：2019 年 11 月 15 日。

图 5 - 2　2015～2018 年几内亚比绍城镇、农村人口数量统计

资料来源："The World Factbook—Guinea - Bissau"，https：//www. cia. gov/library/publi-cations/resources/the-world-factbook/geos/pu. html，最后访问日期：2019 年 11 月 15 日。

岁相比，提高了很多。几内亚比绍的生育率为 4.55，即每个妇女平均生育 4～5 个子女，出生率为 34.72‰，死亡率为 13.9‰，刚出生婴儿的死亡率更高，达到 105.2‰。①

二　人口增长模式

几内亚比绍人口的年龄结构偏年轻化，14 岁及以下人口占总人口的 43.55%；15～64 岁的人口数量占总人口数量的 53.42%；65 岁及以上只占总人口的 3.04%（见表 5 - 1）。

表 5 - 1　2018 年几内亚比绍的年龄结构

单位：%，人

年龄段	所占比例	男性人数	女性人数
0～14 岁	43.55	400666	397704

---

① "Worldbank—Guinea-Bissau"，http：//data. worldbank. org. cn/country/guinea-bissau？Display = map，最后访问日期：2019 年 11 月 15 日。

续表

年龄段	所占比例	男性人数	女性人数
15～24 岁	20.23	181286	189515
25～64 岁	33.19	287383	320911
65 岁及以上	3.04	24331	31451

资料来源："The World Factbook—Guinea – Bissau", https://www.cia.gov/library/publications/resources/the-world-factbook/geos/pu.html，最后访问日期：2019 年 11 月 15 日。

几内亚比绍各年龄段人口数量如图 5 - 3 所示，表现为少年人口比例大，老年人口比例小，其人口结构为增长型。随着时间推移、年龄增长，由于死亡、迁移的影响，40 岁以后，人口减少速率加快，以致在该结构图中，随年龄增长人数明显减少。

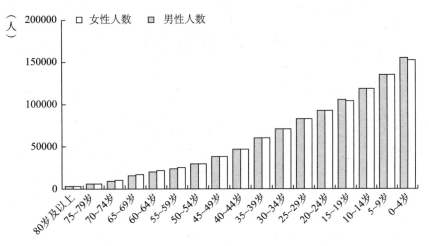

图 5 - 3　2018 年几内亚比绍各年龄段人口

资料来源："The World Factbook—Guinea-Bissau", https://www.cia.gov/library/publications/ resources/the-world-factbook/geos/print_pu.html，最后访问日期：2019 年 11 月 15 日。

从几内亚比绍独立以来部分年份的全国人口数据中也可看出，人口总数呈增长趋势，但 2018 年增长率小于 2010 年（见图 5 - 4）。

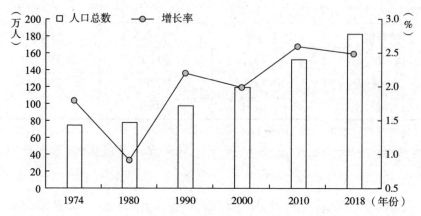

图 5 - 4 1974 年、1980 年、1990 年、2000 年、2010 年、2018 年几内亚比绍全国人口总数及增速

资料来源：https：//data. worldbank. org. cn/country/guinea-bissau?% 20Display = map，最后访问日期：2019 年 11 月 15 日。

第二节　民俗节日

几内亚比绍是从一个非洲古国发展而来的，悠久的历史也为其带来了极具多样性的民族、语言文化，民俗传统和富有纪念意义的节日。

一　民族构成

几内亚比绍总人口中非洲本地人占 99%，只有 1% 的人口是欧洲人和黑白混血人种。几内亚比绍是一个多部族国家，共有 27 个部族。其中主要部族有居住于几内亚比绍北部和东北部地区的富拉族（Fula）、曼丁哥族（Mandinga）；主要分布在中部和南部海岸地区的巴兰特族（Balanta）、巴贝尔族（Papel）；主要居住在中部和北部海岸地区的猛亚戈族（Manjaca）和曼卡尼亚族（Mancanha）。这六个主要部族的人数占全国人口的 85% 以上，其中富拉族占比最大，为 28.50%。① 其各部族人口数量占比如图 5 - 5 所示。

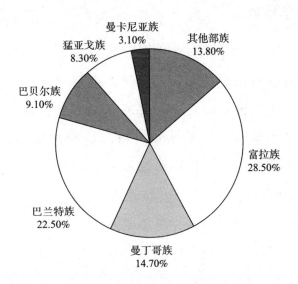

图 5-5　各部族人数比例

资料来源："The World Factbook—Guinea-Bissau"，https：//www. cia. gov/library/publi-cations/ resources/ the-world-factbook/geos/pu. html，最后访问日期：2019 年 11 月 15 日。

二　语言构成

几日内亚比绍极具多样性的民族特征使其语言构成呈多元化。由于几内亚比绍曾是葡萄牙的殖民地，文化方面受葡萄牙的影响较大，因此几内亚比绍的官方语言为葡萄牙语，但全国各部族间通用语却为一种葡萄牙语和当地土语相结合的并无文字的语言——克里奥尔语（Crioulo）。在该国，法语和西语也很普及，全

① "The World Factbook—Guinea-Bissau"，https：//www. cia. gov/library/publications/resources/ the-world-factbook/geos/pu. html，最后访问日期：2019 年 11 月 15 日。

国 27 个部族几乎都有自己的语言，如富拉族所讲的普拉拉语、曼丁哥族的曼丁哥语等。[①]

三 民俗传统

虽然几内亚比绍法律明文规定要履行一夫一妻制，但在几内亚比绍一夫多妻制依然盛行，一名男子可娶三四个妻子。这与当地反映男人能力和地位时，不只是看其拥有的财富，还要看其生育能力的民族文化也有一定关系。但不同的部族间一般不通婚，即使两个部族关系较好，也要经部族长老同意才可以通婚。有的部族是有固定婚日的，比如，巴兰特族人会定在 5～6 月结婚。婚后，妇女一般从事田间劳动，男子则从事副业生产。如若丈夫去世，其妻子在三个月之内不得与人同居、不得改嫁。妻子有继承丈夫遗产的权利，但若改嫁，则要自动放弃遗产的继承权。

大体而言，几内亚比绍全国的居住条件比较落后，主要以部族为居住区域的划分因素。在城市，住房多以个人公寓、职工楼为主。农村地区大多数居民的住所是传统茅屋。他们的部族观念很强，通常情况下，一个村落由一个部族构成，即使是两个部族组成的村庄，部族间也会以路或河为界，不会混住在一起。有的农户是由三四辈直系或旁系亲属组成的一个大家庭，有的大户周围还会用树枝围成"篱笆"，在"篱笆"内又分成若干小户，由父亲（家长）管理全家的社交、经济及宗教方面的事务。

在饮食方面，几内亚比绍人的主食以大米为主，他们嗜食肉

---

① "The World Factbook—Guinea-Bissau"，https：//www. cia. gov/library/publications/resources/the-world-factbook/geos/pu. html，最后访问日期：2019 年 11 月 15 日。

类，少食水果、蔬菜。几内亚比绍的国菜是烤猪肉，炖煮的食品也很可口。在几内亚比绍，公认的美食有奶油大麦汤、牛奶鱼汤、腊肉洋葱馅饼和黑面包、布丁等。同时，几内亚比绍人也十分嗜酒，当地人会酿制啤酒、葡萄酒、梅子白兰地、草药苦酒等，各式酒类口味特殊，颇具当地特色。

几内亚比绍人在不同场合、地区的穿着服饰也有所不同。在城市或是重要场合，几内亚比绍人通常会穿西装。但在城镇街道，女士则习惯裸露上身，仅将一块看似长筒裙的花布（2~3层）围在腰间。这块布被当地人称为"撒依亚"，它虽然构成相对简单，却有多种用途：在出门的时候可以用来遮身；在睡觉时用来当毯子，盖在身上；还可以用来兜住孩子，把孩子背在背上。由于宗教信仰，居住于几内亚比绍北部和东北部地区的穆斯林，一律身着白衣。有的部族的妇女还会在肚皮上刻花纹，在耳边留小细辫子。总体而言，几内亚比绍人衣着简单，富有传统、宗教特点。

在几内亚比绍的古老习俗中，女性的割礼仪式算得上是社区家庭祭礼式的习俗。1998年内战之前，该国反有害习俗的委员会在联合国儿童基金会、联合国人口基金会、国际计划生育联合会和其他组织的帮助下，曾与当地非政府组织合作，开展了认识切割女性生殖器官习俗的活动，但因政局不稳、财政支援不足，这些活动并未坚持下来。不过目前，政府又陆续开展了很多在全国范围内商讨关于切割女性生殖器官问题的活动。

四 传统节日

几内亚比绍的传统节日，不仅与其宗教信仰息息相关，还在纪念着它历经磨难的历史，其主要传统节日和重要纪念日如表5-2所示。

表 5 - 2　几内亚比绍传统节日、纪念日一览

日期	节日及纪念日
1 月 1 日	元旦
1 月 20 日	民族英雄纪念日——国父卡布拉尔遇难日
1 月 23 日	自由战士日——民族武装斗争日
1 月 30 日	几内亚比绍妇女节——几内亚比绍民族女英雄蒂·西拉牺牲日
2 月末最后一个周六或 3 月初第一个周六至下一个星期二	狂欢节
3 月 8 日	国际妇女节
3 月 12 日 （伊斯兰教历）	圣纪节
4 月第一个星期天	复活节
5 月 1 日	国际劳动节
5 月 25 日	非洲解放日
8 月 3 日	比基吉迪烈士纪念日
9 月 12 日	国父卡布拉尔诞辰日
9 月 19 日	几内亚和佛得角非洲独立党成立日
9 月 24 日	几内亚比绍独立日——国庆节
10 月 1 日 （伊斯兰教历）	开斋节
11 月 1 日	诸圣节
11 月 2 日	万圣节
11 月 14 日	调整运动纪念日
11 月 16 日	建军节
12 月 10 日 （伊斯兰教历）	宰牲节

续表

日　期	节日及纪念日
12 月 25 日	圣诞节

资料来源:《几比主要公众假期》，中华人民共和国驻几内亚比绍共和国大使馆经济商务处网站，http://gw.mofcom.gov.cn/article/ddgk/zwjiaqi/201608/20160801375565.shtml，最后访问日期：2020 年 1 月 14 日。

第三节　宗教信仰

早在 13 世纪，各地商人便将宗教陆陆续续地带入了几内亚比绍。从此，宗教文化渐渐融入几内亚比绍人的生活中，但由于几内亚比绍部落特征较明显，故其不同部族间的宗教信仰、宗教起源、教区文化均有所差异。

一　宗教构成

在几内亚比绍，最受欢迎的宗教是伊斯兰教，全国 45.1% 的居民是穆斯林；22.1% 的人是基督徒；30.8% 的人坚持各种传统的非洲信仰，如拜物教；另有 2% 的人无任何宗教信仰。[①]

实际上，几内亚比绍的大多数穆斯林和基督徒已将非洲土著信仰的各个方面纳入其日常生活和宗教活动中。穆斯林主要居住在几内亚比绍的东部和北部地区，而基督徒则主要分布在该国的沿海和南部地区。除了北部地区以外，全国各地都有传统的非洲信仰。

---

① "The World Factbook—Guinea-Bissau"，https://www.cia.gov/library/publications/resources/the-world-factbook/geos/pu.html，最后访问日期：2019 年 11 月 15 日。

二 宗教起源

伊斯兰教是在 13 世纪之前，由撒哈拉的商人引入，当时只在酋长和商人阶层中传播，在之后的几个世纪中，伊斯兰教才在普通群众中传播。15～16 世纪，信仰伊斯兰教的富拉人开始移居几内亚比绍的内地平原，他们传播教义，并建立了一个伊斯兰教小王国。18 世纪，富拉人建立的小国发动"圣战"向外扩张，这一举措更推进了伊斯兰教的传播和发展。同时，西非伊斯兰教传教士和穆斯林商人来往的不断增加，促使伊斯兰教在许多居民中得到传播发展。19 世纪末期，几内亚比绍民族英雄萨摩利·杜尔统一了各部落，建立了伊斯兰教的乌阿苏鲁王国。这一王国在抗击侵略者的斗争中，不断扩大了领土，使伊斯兰教扩展到内地的一些地区。在几内亚比绍的信徒大多是逊尼派的马利克教法学派，其人口众多。几内亚比绍是"伊斯兰会议组织""世界伊斯兰大会""伊斯兰世界联盟"的成员国。

基督教则是在 15 世纪由葡萄牙传教士和商人首次带到几内亚比绍的。当时，基督教的传播范围只限于沿海地区。直到 20 世纪，基督教才开始受到群众的欢迎，并在几内亚比绍获得大量信徒，很多人是由罗马天主教转信基督教的。1998 年的几内亚比绍内战，严重威胁了基督教的传播，但基督教仍被认为是几内亚比绍的一大宗教。

几内亚比绍的宪法允许公民选择自己的宗教。来自外国的传教士被允许在国内传播宗教，政府也普遍尊重宪法赋予公民的这些权利，这些因素使得国内的宗教信仰是自由、开放的。

三 主要宗教教区

几内亚比绍拥有两大天主教区。其一为首都比绍，比绍是全国的政治、经济、文化、军事和交通中心。比绍市内建有天主教堂、清真寺。1940 年 9 月 4 日，比绍被设为葡属几内亚自治传教团，1977 年升为教区，范围包括比绍和西北部三个区，拥有 24 个堂区。[1] 其二为巴法塔，这是几内亚比绍的第二大城市，于 2001 年升为教区，直属教廷，该教区共包含五个区，拥有 11 个堂区。[2]

第四节　基础设施

几内亚比绍无铁路，以公路和水路运输为主，内河和近海航运均占主要地位。其电力设施严重滞后，通信设施也相对较差。

一　公路

几内亚比绍公路总长 4400 多千米，其中二级、三级公路（沥青路面）约有 550 千米。[3] 几内亚比绍的公路，以首都比绍为枢纽，多集中于北部。南部多为山地，交通不便，公路很少。全国的公路网可从首都比绍市通往四面八方，往东南可至几内亚，往东北经巴法塔可达国境线上的皮切，往北可至塞内加尔。但由于年久失修，几内亚比绍公路的路面均坑洼不平，雨季更甚，严重影响了交通安全。虽然市区道路最大速度限制为 50km/h，但仍常年发生交通事故。据报道，2015 年上半年，便因超速、醉驾、

---

① Sollemnibus Conventionibus ，《宗座公报》，梵蒂冈出版社，1941，第 14 页。

② IOANNES PAULUS EPISCOPUS SERVUS SERVORUM DEI AD PERPETUAM REI MEMORIAM，http://www. vatican. va/content/john-paul-ii/la/apost_constitutions/documents/hf_jp-ii_apc_20010313_cum-ad-fovendam. html，最后访问日期：2019 年 11 月 18 日。

③ 《几内亚比绍国家概况》，中华人民共和国外交部网站，http://www. fmprc. gov. cn/mfa_chn/gjhdq_603914/gj_603916/fz_605026/1206_605462/1206x0_605464/，最后访问日期：2019 年 11 月 15 日。

轮胎问题、违规操作等，发生了 410 起交通事故，共计 74 人死亡、139 人重伤、237 人轻伤。[①]

几内亚比绍政府长期借助外援力量来改善国内道路的落后状况。1989 年初，阿拉伯非洲经济发展银行和欧洲共同体（以下简称"欧共体"）向几内亚比绍提供了 3130 万美元进行道路建设。1990 年，欧共体和意大利援建了从圣多明戈斯到塞内加尔的门派克公路。2009 年，西非发展银行提供 1500 万美元供几内亚比绍维修解放大道。2010 年，欧盟向几内亚比绍提供 300 万欧元的资助，用于几内亚比绍桥梁、主要公路的维护修整。2012 年，世界银行出资 5213.75 万西非法郎，用于修建 22 千米的连接了 11 个社区的乡村初级公路。[②] 2013 年西非发展银行提供 410 亿西非法郎，对比绍的道路进行了维修，加宽了比绍 25 条道路。2014 年，西非发展银行和西非经济货币联盟共同资助、造价 1900 万欧元的曼索阿至法林道路竣工，加强了几内亚比绍北部奥约省与西非国家经济共同体的联系。这些举措都将缓解几内亚比绍日常交通的闭塞，减少雨季期间道路不畅所造成的各种问题。

2019 年，各组织对几内亚比绍的资助项目更是比比皆是。2019 年 7 月，西非公路安全组织向几内亚比绍政府提供 1500 万美元，用来修建几内亚比绍南部基纳拉地区布巴至拜舒城段的公路、安装北部卡谢乌和奥约省因古雷至法林段公路信号标识和装修交

---

① 《几比 2015 年上半年发生 410 起交通事故》，中华人民共和国驻几内亚比绍共和国大使馆经济商务处网站，http://gw.mofcom.gov.cn/article/jmxw/201510/20151001139734.shtml，最后访问日期：2019 年 11 月 15 日。

② 《几内亚比绍建成 22 公里乡村初级公路》，中国对外承包工程商会网站，http://www.chinca.org/CICA/info/37978，最后访问日期：2019 年 11 月 15 日。

通局办公大楼，这将促进几内亚比绍交通运输业的发展。^① 2019 年
8 月，连接几内亚和几内亚比绍两国的格博－博凯公路建设项目也
启动实施，公路全长 107 千米，由非洲发展银行和欧盟共同出资，
花费共计约 3100 万美元。^② 建成后，该公路将打通几内亚和几内亚
比绍间的边境陆路货运和人员流动通道，这将促进两国间的合作
以及加快区域一体化的进程。^③

即使在较为发达、繁华的首都比绍市，交通工具种类、状况
等条件也较差，其他市区的状况则更为恶劣。比绍市内交通工具
主要有两种——小中巴公共汽车（Tocataca）和出租车。出租车大
多是从欧洲进口的里程数超过 20 万千米的二手、三手破旧奔驰轿
车。出租车没有固定的计价标准，车程价格一般由司机和乘客事
先商定。由于路况好坏不一，因此相同路程的车费也高低不定，
但价格一般为 100～150 西非法郎每千米。^④

二　航空

几内亚比绍的空运不发达，主要集中在首都比绍市。目前全
国共有八个机场，其中只有两个机场铺设了跑道。^⑤ 民用航空局已

---

① 《西非公路安全组织资助几比交通局 1500 万美元》，中华人民共和国驻几内亚比绍共和国大
使馆经济商务处网站，http://gw.mofcom.gov.cn/article/jmxw/201907/20190702881389.shtml，
最后访问日期：2019 年 11 月 15 日。

② 《几比政府将启动实施格博－博凯公路建设项目》，中华人民共和国驻几内亚比绍共和国大
使馆经济商务处网站，http://gw.mofcom.gov.cn/article/jmxw/201908/20190802892408.shtml，
最后访问日期：2019 年 11 月 15 日。

③ 《几比政府将启动实施格博－博凯公路建设项目》，中华人民共和国驻几内亚比绍共和国大
使馆经济商务处网站，http://gw.mofcom.gov.cn/article/jmxw/201908/20190802892408.shtml，
最后访问日期：2019 年 11 月 15 日。

④ 乔旋、李广一编著《几内亚比绍》，第 93 页。

⑤ "The World Factbook—Central Intellingce Agency"，https://www.cia.gov/library/publications/
resources/the-world-factbook/geos/pu.html，最后访问日期：2019 年 11 月 15 日。

批准的航线有比绍—达喀尔、比绍—里斯本、比绍—普拉亚，其他新航线还未得到国际民用航空组织（ICAO）的批准。

全国最大的民用机场是建在比绍市的奥斯瓦尔多·维埃拉国际机场，其跑道由沥青铺设，总长3200米，可起降波音747等大型客机。每周有定期航班往返葡萄牙、塞内加尔、佛得角和摩洛哥。[①] 其中来自非洲的入境人数最多，为7694人，美洲的入境人数为1119人，其他具体统计数值如表5-3所示。该机场的主要航空公司（欧洲大西洋航空公司、摩洛哥航空公司、葡萄牙航空公司等）及主要目的地详见表5-4。

表5-3 奥斯瓦尔多·维埃拉国际机场入境游客数量统计

单位：人

地区	入境游客数量
美洲	1119
亚洲	2495
欧洲	4285
非洲	7694

资料来源：《几比奥斯瓦尔多·维埃拉国际机场外国游客统计表》，中华人民共和国驻几内亚比绍共和国大使馆经济商务处网站，http://www.mofcom.gov.cn/article/i/dxfw/gzzd/201409/20140900723248.shtml，最后访问日期：2019年11月15日。

表5-4 奥斯瓦尔多·维埃拉国际机场主要航空公司及目的地

航空公司	目的地
佛得角航空公司	达喀尔、普拉亚
ASKY航空公司	达喀尔

[①] 《几内亚比绍国家概况》，中华人民共和国外交部网站，https://www.fmprc.gov.cn/web/gjhdq_676201/gj_676203/fz_677316/1206_677752/1206x0_677754/，最后访问日期：2019年11月15日。

续表

航空公司	目的地
欧洲大西洋航空公司	里斯本
摩洛哥航空公司	卡萨布兰卡
葡萄牙航空公司	里斯本

资料来源：中国领事服务网，http：//cs. mfa. gov. cn/zggmcg/ljmdd/fz_ 648564/jnybs_ 649683/jtcx_ 649711/，最后访问日期：2019 年 11 月 15 日。

1991 年，几内亚比绍和葡萄牙签订了一项航空协定，要求葡萄牙航空公司向几内亚比绍提供设备和技术以提高几内亚比绍国内空运能力。截至目前，几内亚比绍还未有本国航空公司，但几内亚比绍政府正在和其他航空公司协商合作，筹组几内亚比绍本国的航空公司。

由于维护不及时，奥斯瓦尔多·维埃拉国际机场的跑道条件日益恶化，飞机安全降落存在风险。2017 年 11 月，几内亚比绍政府投资 3 亿西非法郎用于该跑道的维修。[1] 2019 年 3 月，西非开发银行又提供约 2700 万欧元用于维修奥斯瓦尔多·维埃拉国际机场。[2] 2019 年，西非开发银行可能还会在几内亚比绍北部奥约省投资建设新的机场。

三　水运

因几内亚比绍岛屿众多，河运和近海海运便成了主要交通运输方式，通航里程总计 1800 多千米。其国际海运可通达周边邻国

---

[1] 《几内亚比绍政府投资 3 亿西法维修比绍机场跑道》，中华人民共和国驻几内亚比绍共和国大使馆经济商务处网站，http：//gw. mofcom. gov. cn/article/jmxw/201711/20171102664016. shtml，最后访问日期：2019 年 11 月 15 日。

[2] 《西非开发银行将援助几比维修奥斯瓦尔多·维埃拉国际机场》，中华人民共和国驻几内亚比绍共和国大使馆经济商务处网站，http：//gw. mofcom. gov. cn/article/jmxw/201903/2019030284348 3. shtml，最后访问日期：2019 年 11 月 15 日。

和葡萄牙等欧洲国家，有广阔的发展前景。目前主要港口是比绍港，其他港口的名称、代码及主要航线详见表5-5。

表5-5 几内亚比绍主要港口信息

港口代码	港口名称	航线
GWBIS	比绍	西非线
GWBOL	博拉多	西非线
GWBUB	布巴克	西非线
GWCAC	卡谢乌	西非线

资料来源：旭洲物流网站，www. africa56. com. cn/article_read_155. html，最后访问日期：2020年1月16日。

但目前，几内亚比绍国内航运基础设施少，多以独木舟为航运交通工具，缺乏客货运船只。首都比绍的最大深水海港——比绍港，可用于驳运，港区可停泊7~8艘吃水11米的万吨货轮，年吞吐量约为50万吨，[①] 但港口停泊、货物装卸费用昂贵，被认为是世界上收费最高的港口之一。

近年来，几内亚比绍政府逐步加大了对航运建设的投入。2015年1月，几内亚比绍政府订购3艘客货运渡轮作为往返比绍和比热戈斯群岛的交通工具。政府还想引进新轮船，代替独木舟，来保障乘客的安全。2015年8月，几内亚比绍将在皮梅区建设无水港口，占地约2.5万平方米，提供包括仓库存储、货物中转及装卸和清关等服务。[②] 2016年2月，为应对比绍港业务量的快速增长，几

---

① 乔旋、李广一编著《几内亚比绍》，第93页。
② 《几比将对无水港口建设项目进行公开招标》，中华人民共和国商务部网站，www. mofcom. gov. cn/article/i/jyjl/k/201508/2015 0801093896. shtml，最后访问日期：2019年11月15日。

内亚比绍政府对比绍港集装箱码头进行了扩建。2019 年，几内亚比绍政府将加快海底管道建设，并将在比绍港等地安装磅秤。[①]

四　电力设施

几内亚比绍电力设施严重滞后，各个城市、地区普遍缺电，大部分单位都需自行购买发电机供电。几内亚比绍标准电压为 220 伏，电源插座为欧式两相内置圆形插头。

2017 年 10 月，因地下电网损坏、国家财力匮乏、发电机组老化等一系列原因，比绍市大部分街区无电可用，供电、维护电力的情况持续恶化，几内亚比绍政府通过采取抢修地下电网、解决电力销售问题等系列措施，努力恢复了比绍市区的正常供电。[②]

目前各世界组织也都纷纷投身于几内亚比绍的电力设施建设。2013 年，伊朗能源部宣布将在几内亚比绍建设风力发电站，预计装机总量为 660 千瓦，此外，伊朗还将在几内亚比绍建设一些小型的水力发电站。[③] 2019 年 4 月，非洲生物燃料和可再生能源公司代表几内亚比绍政府在非洲国家开始对 22 兆瓦电力容量项目的招标，项目包括位于比绍市附近的 20 兆瓦地面太阳能发电厂和两个 1 兆瓦的混合太阳能柴油发电厂，招标金额为西非开

---

① 《几内亚比绍政府实施"紧急施政纲领"（2019.7—2020.1）》，中华人民共和国驻几内亚比绍共和国大使馆经济商务处网站，gw. mofcom. gov. cn/article/ddfg/201910/2019100290330 7. shtml，最后访问日期：2019 年 11 月 15 日。

② 《几内亚比绍首都缺电现象严重》，中华人民共和国驻几内亚比绍共和国大使馆经济商务处网站，http://gw. mofcom. gov. cn/article/jmxw/201711/20171102664015. shtml，最后访问日期：2019 年 11 月 15 日。

③ 《伊朗准备在几内亚比绍建设电站》，中国对外承包工程商会网站，http://www. chinca. org/CICA/info/45975，最后访问日期：2019 年 11 月 15 日。

发银行所提供的 4290 万美元，这一工程将为 50 万居民提供足够的电力。[1]

五　通信建设

几内亚比绍的通信条件也很落后。32% 的居民拥有固定电话，29% 拥有移动电话，但电话用户数量呈日益增加的态势，电信业对此进行了改革，将电话号码增至 9 位数字。[2]

自 1989 年开始，葡萄牙电信公司对几内亚比绍电信业实行垄断控制，其间几内亚比绍政府曾多次想摆脱葡萄牙的控制，但均因技术、资金、政局动荡等方面的问题，以失败告终。

在几内亚比绍的电信公司举步不前时，国际公司逐步进入几内亚比绍电信市场。2007 年，南非 MTN 集团以 3000 万西非法郎的信息技术投资，进入几内亚比绍市场。2012 年 6 月，该公司为了推动几内亚比绍通信和新信息技术的发展，开设了客户信誉服务中心，另外还推出漫游、智能手机、互联网 Wi-Fi 等高端产品服务。2015 年 7 月，南非 MTN 集团推出 3G 移动电话，实现了 MTN 移动信号对几内亚比绍全国的覆盖。目前，该公司已拥有 52 万用户，市场占有率为 76%。塞内加尔 Orange 电信运营商进入几内亚比绍市场后，不仅改善了移动网络的服务质量，为几内亚比绍的通信发展做出极大支持，还赞助了几内亚比绍社会各个领域的发展。[3] 2017 年，中国电信产品生产商"华为"也有意与几内亚比绍

---

[1] 《几内亚比绍启动 22MW 电力容量招标》，中国对外承包工程商会网站，http://www.chinca.org/CICA/info/19040211123311，最后访问日期：2019 年 11 月 15 日。

[2] "Worldbank—Guinea-Bissau"，http://data.worldbank.org.cn/country/guinea-bissau? Display = map，最后访问日期：2019 年 11 月 15 日。

[3] 乔旋、李广一编著《几内亚比绍》，第 97 页。

签订 6000 万美元的合约，预计将通过架设 150 个装备最先进设备的信号转发站，重整移动通信网络的覆盖范围。中国企业将持续参与推进几内亚比绍通信领域现代化的进程。2019 年 10 月，几内亚比绍政府颁布《紧急施政纲领》，预计将在比绍市三个广场和内陆三个广场安装互联网。[①]

几内亚比绍在首都设立了邮政总局，全国共 33 家邮政分局，[②]但目前因资金问题，邮局职工的工资被长期拖欠，只有比绍一家分局在营业，因此中国邮政速递物流股份有限公司和敦豪航空货运公司在比绍开展了快递服务。几内亚比绍政府希望能通过更多私营企业涌入邮政市场，来打破公共服务垄断的格局。2016 年，几内亚比绍邮政局现代化改造工程启动仪式在比绍举行，此工程由突尼斯普罗蒂特公司负责，改造后的几内亚比绍邮政局将拥有现代化设备和新的通信线路。

第五节 社会民生

一 医疗情况

根据联合国开发计划署公布的《2018 年人类发展报告》，几内亚比绍的人类发展指数在 189 个国家中排名第 177 位，较 2017 年上升 1 位。2013 年，医疗支出占国内生产总值的 5.5%，全国有中心医院两所，省、县级医院 16 所，卫生所 130 间，病床 1187 张，医

---

① 《几内亚比绍政府实施"紧急施政纲领"（2019.7—2020.1）》，中华人民共和国驻几内亚比绍共和国大使馆经济商务处网站，http://gw. mofcom. gov. cn/article/ddfg/201910/20191002903307. shtml，最后访问日期：2019 年 11 月 15 日。

② 乔旋、李广一编著《几内亚比绍》，第 93 页。

生（含国际合作者）150名，全国仅有40%的人能享受医疗服务。①因几内亚比绍国内社会缺乏基础设施，国家缺少医疗设备及药品，民众没有良好卫生习惯等原因，所以死亡率较高的疟疾、霍乱、腹泻及脑膜炎等传染病普遍存在。

国际社会给予了几内亚比绍极大的医疗卫生支持。2015年1月，欧盟投资7.43亿西非法郎，用于几内亚比绍境内埃博拉疫情的防控。2016年11月，全球防治艾滋病、结核病和疟疾基金会出资3800万美元帮助几内亚比绍控制艾滋病和肺结核。2017年2月，联合国儿童基金会捐赠1辆汽车、85辆摩托车，用来提高几内亚比绍社区的卫生服务能力。② 2018年7月，中国政府援几内亚比绍"光明行"活动为几内亚比绍民众免费实施白内障复明手术，捐赠眼科手术设备和药品，并对几内亚比绍的眼科医护人员进行专业技术培训，为其民众传授眼睛保健知识等。③ 2019年，几内亚比绍政府发布的《紧急施政纲领》指出，政府将完善国内、边境及入境处的卫生安全措施，以预防传染病疫情暴发；确保药品、疫苗、血液等卫生医疗用品的正常供应；加大医疗卫生监察总局的监督力度，杜绝假药、过期药流入市场。另外，几内亚比绍政府将建设50个供水系统，恢复全国250个供水点，保证民众饮水安全。④

---

① 乔旋、李广一编著《几内亚比绍》，第127页。
② 乔旋、李广一编著《几内亚比绍》，第128页。
③ 《中国援几内亚比绍"光明行"项目惠及几内亚比绍民众》，中华人民共和国驻几内亚比绍共和国大使馆经济商务处网站，http://gw.mofcom.gov.cn/article/jmxw/201808/20180802780756.shtml，最后访问日期：2019年11月15日。
④ 《几内亚比绍政府实施"紧急施政纲领"（2019.7—2020.1）》，中华人民共和国驻几内亚比绍共和国大使馆经济商务处网站，http://gw.mofcom.gov.cn/article/ddfg/201910/2019100290330 7.shtml，最后访问日期：2019年11月15日。

二　社会保障与福利

几内亚比绍的社会保障措施落后，社会保障金经常迟迟不发，但几内亚比绍政府为了保障妇女权利、儿童生活不断做出努力。自几内亚比绍独立以来，国家便重视妇女的地位。不仅在国家宪法中规定了法律面前男女平等，禁止任何性别歧视现象，还允许妇女参加政党活动。

在城市地区，妇女可以参加政府部门、国家企事业单位的工作，也可以自愿做各种兼职。在农村地区，妇女除了可以和男子一起进行传统农业生产活动，还可参加当地的普通生产劳动。妇女的受教育程度也得到了很大的提升。计划生育、妊娠知识的传播也使妇女的健康保障有所提高。但是割礼等陋习依然存在，仍危害着妇女的健康。

几内亚比绍政府强烈反对伤害儿童的传统陋俗，努力保护儿童权利和福利，在教育、卫生等方面改善儿童的生活、学习条件。2013 年 7 月，几内亚比绍建立了家庭暴力受害者收容所，严惩家庭暴力犯罪。与此同时，国际社会也重视对妇女、儿童权益的保护。2016 年 6 月，联合国世界粮食计划署向全国学校捐赠了不同种类的粮食，以使在校小学生有营养午餐，此项举措惠及 1000 多所小学 17.3 万名小学生。[①]

三　住房条件

几内亚比绍居民住房条件较差。城市居民普遍住楼房，农村

---

① 乔旋、李广一编著《几内亚比绍》，第 128 页。

地区的居民普遍住传统草房。2019 年，其住房公用事业居民消费价格指数（CPI）最高达到 149，2015～2019 年的住房公用事业 CPI 涨幅趋势如图 5 - 6 所示。

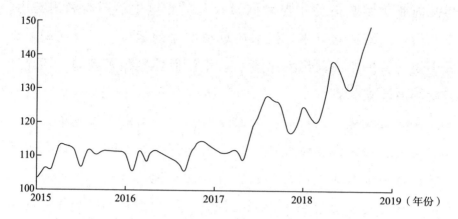

图 5 - 6　2015～2019 年几内亚比绍住房公用事业 CPI

资料来源：Central Bank of West African States。

2017 年 9 月，西非国家经济货币联盟捐赠 100 亿西非法郎，帮助几内亚比绍建设社会住房。2019 年，几内亚比绍政府也在为被风暴、火灾破坏的房屋提供修复支持。①

第六节　当前社会存在的问题

一　政治局势较动荡，社会治理困难多

自几内亚比绍独立以来，政治局势动荡、内战和几次政变导致国家经济疲软、失业率高、腐败猖狂、贫困现象普遍存在、贩毒

---

① 《几内亚比绍政府实施"紧急施政纲领"（2019.7—2020.1）》，中华人民共和国驻几内亚比绍共和国大使馆经济商务处网站，http://gw.mofcom.gov.cn/article/ddfg/201910/2019100290330 7.shtml，最后访问日期：2019 年 11 月 15 日。

和儿童贩卖现象严重、社会治理混乱不堪。

由于政府腐败现象严重，加之各个部门无法有效运作，民众更倾向于依赖各种社会组织生活。当地宗教团体（基督教会、伊斯兰教会、天主教会）为民众提供食物帮助，非政府组织（红十字会等）为民众提供医疗、教育帮助，因此这些非政府组织得到民众更大信任。

由于几内亚比绍工人工作和生活条件差、政府拖欠工资现象严重，因此罢工现象频发。2016年3月，几内亚比绍海关工会组织大罢工，职工参与率高达90%，工人们希望通过罢工，让政府执行两年前制定的海关组织新章程的内容，进而改善工人的工作和生活条件，另外还希望政府能支付自2015年12月以来的加班补贴。① 2017年2月，几内亚比绍国家广播电台工会也举行罢工活动，要求政府支付被拖欠的工资和津贴并改善工作条件。② 同年6月，几内亚比绍教师工会宣布将抵制2017～2018新学年的开课，以此获得被长期拖欠的工资。各行业、各领域的大型罢工使几内亚比绍社会常处于瘫痪状态，严重影响该国的政治稳定、社会进步、经济发展、居民生活。由于几内亚比绍的社会治理能力有限，对此只能依赖罢工的自然结束及国际社会的援助。

几内亚比绍政府采取措施积极改善社会现状。2019年10月，

---

① 《几比90%的海关员工参加大罢工》，中华人民共和国驻几内亚比绍共和国大使馆经济商务处网站，http://gw.mofcom.gov.cn/article/jmxw/201603/20160301267992.shtml，最后访问日期：2019年11月15日。

② 《几比国家广播电台开始为期四天的罢工》，中华人民共和国驻几内亚比绍共和国大使馆经济商务处网站，http://gw.mofcom.gov.cn/article/jmxw/201702/20170202521196.shtml，最后访问日期：2019年11月15日。

几内亚比绍政府公布《紧急施政纲领》，希望从公共管理、国防、司法、内政等多方面入手，整治目前社会混乱的现状。例如，针对教师罢工问题，受罢工影响的学校和教师培训学校将实施 2018～2019 学年恢复计划，在 2019～2020 学年开始之前完成教师聘用工作，实现公开竞争校长职位等。[①]

二 经济发展缓慢，基础设施不完善

几内亚比绍是世界上最不发达国家之一，经济发展缓慢，基础设施不完善，居民的生活水平远低于世界平均值。几内亚比绍全国公路总长只有 4400 多千米，加上年久失修、公路得不到维护等原因，国内交通事故频发。几内亚比绍全国机场共八个，其中只有两个铺设跑道，落后的航空发展严重阻碍国内经济发展、对外贸易联通。几内亚比绍有众多岛屿，多以独木舟为航运交通工具，缺乏客货运和大型船只，不完善的水运设施严重阻碍几内亚比绍与周边邻国和葡萄牙等欧洲国家的国际海运贸易。严重滞后的电力设施无法保证居民的正常生活，更不能满足国内工厂、企业、运输等的需求。几内亚比绍的通信设施并不普及，只有 32% 的居民拥有固定电话，29% 的居民拥有移动电话，虽然正在推出漫游、智能手机、互联网 Wi-Fi 等高端产品服务，但电信市场发展缓慢。不完善的基础设施不仅影响了国内居民的生活水平，也阻碍了国家经济的发展。

---

① 《几内亚比绍政府实施"紧急施政纲领"（2019.7—2020.1）》，中华人民共和国驻几内亚比绍共和国大使馆经济商务处网站，gw. mofcom. gov. cn/article/ddfg/201910/2019100290330 7. shtml，最后访问日期：2019 年 11 月 15 日。

三 房屋建设不健全， 民生保障待优化

几内亚比绍现在仍有大部分居民住在简陋的茅草屋里，房屋质量差，风暴、火灾等自然灾害多，居住环境有待改善。在土地所有权方面，受沿袭下来的传统习惯的影响，几内亚比绍至今尚未出台土地政策法规，仍按照"谁开垦谁占有"的规则私人占有土地。土地占有者从不向国家缴纳土地使用税，政府征用土地时困难重重，土地所有权问题无法得到解决。在居住条件方面，房屋经常出现供水、供电不足的情况，住房条件、生活环境差。此外，由于一位妇女平均生育4～5个子女，并且住在同一间房子中，居住环境多为拥挤状态。在房屋价格方面，几内亚比绍的建筑有多种风格，房屋造价不尽相同，且波动较大。楼房每平方米大约640美元，并且随建材进口情况价格上下浮动较大，不稳定且偏高的房屋成本使几内亚比绍居民没有能力改善自己的居住条件。为改变几内亚比绍居民的居住环境，几内亚比绍政府以及国际组织做出努力，但结果仍不尽如人意，几内亚比绍的住房条件未能得到根本改善。

四 民间交流不畅通， 社会进步挑战大

几内亚比绍的语言种类较多，没有形成统一的语言文化，阻碍社会发展。在几内亚比绍，葡萄牙语为官方用语，克里奥尔语为通用语，法语、西语也很普及，此外27个部族均有自己的部落语言，几内亚比绍并未拥有本国居民统一使用的语言。几内亚比绍国民受教育程度不高，几乎都是只会自己部落的语言，语言不畅使各部落之间无法正常交流，只能以部落为单位进行沟通，这

极大限制了各部族之间的往来，不利于社会的统一。

语言障碍不仅影响居民生活，也影响国际社会对几内亚比绍的援助。几内亚比绍的居民看病时无法表述清楚自己的症状，学习时无法明白简单知识的本质，不利于本国居民的自我提升。此外，2019 年 4 月，中国医疗队在几内亚比绍免费巡诊时，由于几内亚比绍语言种类繁多，需大使馆外交官们实时陪同进行翻译才能使义诊顺利进行，语言不统一的问题给国际援助带来很大困难与挑战。

五　人口结构不合理，可持续发展受阻碍

几内亚比绍的人口金字塔呈"年轻型"，人口结构偏年轻化，劳动年龄（25～64 岁）人口占比少。几内亚比绍的人口主要集中于 25 岁以下，占到总人口的 60% 以上，劳动年龄人口只占 33.19%。高生育率使婴儿所占比重高，但又因为医疗水平低、卫生条件差，儿童的存活率并不高，人们的寿命也比较短。此外，儿童与青年需要大量的食品、服装、医疗和学校教育等资源，消耗量大于他们的生产量，然而劳动年龄人口又相对较少，这无疑带来了较大的生活压力和社会负担。

不合理的人口结构给几内亚比绍带来了很多社会问题。在许多发达国家和发展中国家，25 岁以下的青年人以学习知识为主，而几内亚比绍的青年人不得不放弃学业，从事体力劳动以缓解家庭的巨大压力。教育是国家发展的基础，儿童是国家发展的希望，几内亚比绍的青年在本该学习的年纪却选择了劳作，阻碍社会的进步、经济的可持续发展。

第六章

几内亚比绍的文化和教育发展概况

从非洲古国桑海帝国的一部分到沦为葡萄牙殖民地，再到今天独立的几内亚比绍共和国，波折的社会历史进程使得几内亚比绍的文化具有多样性的特点。但由于目前其自身发展滞后，国内的教育、新闻媒体、文学与艺术和体育仍处于较为落后的状态。

第一节　教育的发展情况

自独立以来，几内亚比绍十分重视本国教育事业的发展，2010～2018年，几内亚比绍教育经费约占国家财政预算的16.2%，相当于GDP的2.1%。现有小学、中学和技术职业培训学校（如国立卫生学校、农艺学校和师范学校等）。[①]

一　初级教育

几内亚比绍实行初等义务教育（1974年颁布相关法律），小学

[①] 《几内亚比绍国家概况》，中华人民共和国外交部网站，https://www.fmprc.gov.cn/web/gjhdq_676201/gj_676203/fz_677316/1206_677752/1206x0_677754/，最后访问日期：2019年11月15日。

学制六年，中学分两个阶段（初中三年，高中两年）。[①] 几内亚比绍的初级教育情况十分严峻，失学率较高。大多数公立学校教学条件极其简陋，校门前道路泥泞不堪、杂草丛生，学校课桌、板凳、黑板破旧不堪，教室墙壁常有剥脱，许多教室屋顶破损，师生们上课常常头顶烈日，遭受风吹雨淋，教师的教学热情受到打击，学校教学设施亟待改善。另外，厕所卫生条件差等问题也非常突出。根据联合国儿童基金会公布的数据，2016 年几内亚比绍小学适龄儿童失学率平均为 38%，中学适龄儿童失学率平均为 18%（见表 6 - 1）。几内亚比绍小学每年上课时间仅 500 小时（国际标准为 900 小时）。2018 年小学入学率中男性为 33%，女性仅为 26%，而初中、高中入学率则更低，男性分别为 20% 和 11%，女性分别为 14% 和 8%（见表 6 - 2）。[②]

表 6 - 1　2016 年几内亚比绍小学、中学失学率

单位：%

	总占比	男性	女性	城镇	乡村
小学适龄儿童的失学率	38	38	38	26	46
中学适龄儿童的失学率	18	17	20	7	28

注：小学、中学失学率指小学、中学适龄入学儿童中未入学的人数分别占小学、中学适龄入学儿童总人数的百分比。

资料来源：UNICEF, Out-of-school Rates, https://data. unicef. org/resources/dataset/primary-education-data/，最后访问日期：2020 年 1 月 14 日。

[①] 商务部国际贸易经济合作研究院、中国驻几内亚比绍大使馆经济商务参赞处、商务部对外投资和经济合作司：《对外投资合作国别（地区）指南——几内亚比绍（2018 年版）》，http://www. doc88. com/p - 2834898930690. html，最后访问日期：2020 年 1 月 14 日。

[②] "The State of the World's Children 2019：Statistical Tables"，Table 10—Education, UNICEF, https://data. unicef. org/resources/dataset/sowc - 2019 - statistical-tables/，最后访问日期：2019 年 11 月 11 日。

表 6 – 2　2018 年几内亚比绍入学率

单位：%

	小学入学率	初中入学率	高中入学率
男性	33	20	11
女性	26	14	8

注：入学率指官方小学、初中、高中已入学的适龄学生人数分别占小学、初中、高中适龄入学人数的百分比。

资料来源："The State of the World's Children 2019：Statistical Tables"，Table 10—Education，UNICEF，https://data. unicef. org/resources/dataset/sowc – 2019 – statistical-tables/，最后访问日期：2020 年 1 月 16 日。

二　高等教育

几内亚比绍高等教育起步较晚。2003 年成立了第一所私立大学——科利纳斯德博埃大学，2004 年 1 月成立了第一所公立大学——卡布拉尔大学。2012 年 8 月，233 名大学生在几内亚比绍葡语大学完成学业。[1] 2013 年 4 月 13 日，几内亚比绍科利纳斯德博埃大学举行第一届毕业典礼，共计 41 名学生获得毕业证书。[2] 2013 年 7 月 27 日，第三批几内亚比绍葡语大学的毕业生获得毕业证书。[3]

---

[1] 《几比葡文大学毕业 233 名学生》，中华人民共和国驻几内亚比绍共和国大使馆经济商务处网站，http://gw. mofcom. gov. cn/article/jmxw/201208/20120808279623. shtml，最后访问日期：2019 年 11 月 24 日。

[2] 《几比科利纳斯德博埃大学 41 名学生毕业》，中华人民共和国驻几内亚比绍共和国大使馆经济商务处网站，http://gw. mofcom. gov. cn/article/jmxw/201304/20130400104038. shtml，最后访问日期：2019 年 11 月 24 日。

[3] 《第三批几内亚比绍葡萄牙语大学生获得毕业证书》，中华人民共和国驻几内亚比绍共和国大使馆经济商务处网站，http://gw. mofcom. gov. cn/article/jmxw/201308/20130800238735. shtml，最后访问日期：2019 年 11 月 24 日。

几内亚比绍政府每年还会派出一定数量的留学生去外国学习，其中俄罗斯、古巴、巴西、葡萄牙等国会提供较多的奖学金名额，同时也会派遣教师来几内亚比绍任教。2014 年 2 月 26 日，几内亚比绍教育部长与巴西全球学院签署了一份在几内亚比绍招生的协议，该学院从 2014 年 2 月 27 日起在几内亚比绍招收大学生，并在一年半的时间内免除学生的学费、住宿费、伙食费和交通费，剩余学期的费用由学生以勤工俭学的方式支付。

三 文盲情况

联合国重新定义的新世纪文盲标准将文盲分为三类：第一类是不能读书识字的人，这是传统意义上的文盲；第二类是不能识别现代社会符号（地图、曲线图等常用图表）的人；第三类是不能使用计算机进行学习、交流和管理的人。本部分讨论均采用第一类标准。受政治经济等因素影响，几内亚比绍全民文化素质处于较低水平，文盲率较高。

几内亚比绍在国际组织帮助下进行了全国扫盲活动，取得了较好的成绩。2013 年，其成人识字率为 58%。根据多指标类集调查和 2010 年联合国儿童基金会数据，几内亚比绍 15～24 岁的妇女中只有 39.8% 的人识字，截至 2013 年，此数据已上升至 71%（见表 6－3）。2012 年增加了 4000 名识字成人，至 2013 年底识字的人超过 9000 名。目前在联合国儿童基金会的帮助下，几内亚比绍成立了 60 个扫盲中心。

表 6 – 3　2013 年几内亚比绍成人识字率与青年识字率

单位：%

成人识字率			青年识字率		
总计	男性	女性	总计	男性	女性
58	70	45	75	80	71

注：成人识字率指 15 岁及以上识字人数占该群体总人口的百分比，青年识字率指 15～24 岁识字人数占该群体总人口的百分比。

资料来源："The State of the World's Children 2019：Statistical Tables"，Table 11—Child Protection，UNICEF，https：//data. unicef. org/resources/dataset/ sowc – 2019 – statistical – tables/，最后访问日期：2019 年 11 月 24 日。

四　童工比例

在非洲滥用童工的现象非常普遍。由于经济的落后、教育水平的低下，儿童被用作劳动力的现象一直难以避免。据统计，2010～2018 年几内亚比绍童工率高达 36%，[1] 几内亚比绍童工在居住地区分布上呈现农村地区远多于城镇地区的现象；在经济活动领域上，90% 以上的儿童从事第一产业（农业、林业和渔业）的工作，其次是贸易、运输和服务业，少数从事建筑业。[2] 总体来说在非洲，每 3 个 5～14 岁的童工中就有 1 个生活在几内亚比绍，这种趋势令几内亚比绍政府非常担忧和重视。[3] 几内亚比绍政府认为应该高度关注这种侵犯人权和福利、摧毁民族未来的危险现象，于是通过

---

[1] "The State of the World's Children 2019：Statistical Tables"，Table 11—Child Protection，UNICEF，https：//data. unicef. org/resources/dataset/sowc – 2019 – statistical-tables/，最后访问日期：2019 年 11 月 24 日。

[2] "Enquête nationale sur le travail des enfants en Guinée-Bissau"，几内亚比绍国家统计局网站，http：//www. stat-guinebissau. com/，最后访问日期：2019 年 11 月 24 日。

[3] "Enquête nationale sur le travail des enfants en Guinée-Bissau"，几内亚比绍国家统计局网站，http：//www. stat-guinebissau. com/，最后访问日期：2019 年 11 月 24 日。

展开全国童工调查，并加入国际劳工组织"消除童工劳动计划"项目以预防和消除童工现象。2009 年 3 月 5 日，几内亚比绍承认《非洲儿童权利和福利宪章》。除此之外，几内亚比绍还与同为西非国家经济共同体成员的塞内加尔共和国签署了多边协议，共同在打击西非贩运儿童方面做出不懈努力。

表 6 – 4　2018 年几内亚比绍童工率

单位：%

总计	男性	女性
36	36	37

注：童工率指 5～17 岁参与劳动儿童占 5～17 岁全体儿童人数的百分比。

资料来源："The State of the World's Children 2019：Statistical Tables"，Table 11—Child Protection，UNICEF，https：//data. unicef. org/resources/dataset/sowc – 2019 – statistical-tables/，最后访问日期：2019 年 11 月 15 日。

第二节　新闻媒体的发展情况

受历史战争遗留问题、经济和国内政局波动等影响，几内亚比绍的新闻媒体业起步较晚、发展较为缓慢，受到国际社会的多方援助。

一　广播电视

几内亚比绍国家广播电台（Rádio Difusão Nacional）成立于 1974 年 9 月，用葡萄牙语、克里奥尔语及其他地方语言播音。每天播出 14 个小时的节目。此外还有三家私营广播电台。几内亚比绍国家电视台（Televisão da Guiné-Bissau-TGB）于 1989 年 11 月 14

日正式开播，每天均播出电视节目，白天转播葡萄牙电视台节目，晚间播放当地新闻节目。葡萄牙广播电视台（RTP）是殖民时期遗留下来的广播电视台，DARLING SARL 等私营公司经营收费电视业务（转播法国、西班牙和意大利等电视节目）。[①] 由于 1998 年的武装冲突，加布地区电视信号被严重破坏，加布的居民只能收看邻国的电视或国际频道节目。2014 年 9 月，几内亚比绍新闻部长雷加拉表示，几内亚比绍国家电视台正努力恢复加布地区的电视信号，并派遣了技术组到当地电视信号发射站进行检修。

二　报纸杂志

几内亚比绍 1991 年实行新闻自由政策后，一些报纸杂志首先开始发行。目前，几内亚比绍全国发行五种报纸，主要有《前进报》（政府机关报）、《民主报》（2012 年创刊，周刊）、《消息报》等。《前进报》（*Nô Pintcha*）为几内亚比绍官方报，每周出版 2～3 期，发行量为 5000 份。[②]

三　网络媒体

2009 年 10 月上旬，几内亚比绍开通了第一家包括经济方面内容的网上青年电台，登录该网站（www. Infojov. info）后，可以直接收听几内亚比绍青年电台的实时综合节目，这是为了使外国人

[①] 商务部国际贸易经济合作研究院、中国驻几内亚比绍大使馆经济商务参赞处、商务部对外投资和经济合作司：《对外投资合作国别（地区）指南——几内亚比绍（2018 年版）》，http://www. doc88. com/p - 2834898930690. html，最后访问日期：2020 年 1 月 14 日。

[②] 商务部国际贸易经济合作研究院、中国驻几内亚比绍大使馆经济商务参赞处、商务部对外投资和经济合作司：《对外投资合作国别（地区）指南——几内亚比绍（2018 年版）》，http://www. doc88. com/p - 2834898930690. html，最后访问日期：2020 年 1 月 14 日。

和生活在国外的几内亚比绍人更好地了解今天的几内亚比绍，促进几内亚比绍经济、文化、旅游的发展。在该网站还可以搜索全国性报纸，进行文化交流和收听音乐，该网站还提供关于青年就业、人力培训和旅游线路等信息。[①] 2013 年 4 月 30 日，几内亚比绍电视台新闻网站（http://www.tgb-gw.com/）正式开通，网页除了配备文字新闻外，还播放几内亚比绍电视台的其他信息节目，其目的也是让几内亚比绍侨民了解几内亚比绍最新动向。

四　新闻援助

近年来，几内亚比绍的新闻领域得到国际社会的大力援助。2008 年 5 月，安哥拉向几内亚比绍提供新闻技术人员培训，节目和新闻交流以及信息和媒体领域的技术合作、技术援助、实习访问等。从 2011 年 1 月起，安哥拉允许几内亚比绍电视台免费转播其葡语国际频道。2011 年 3 月 26 日，安哥拉与几内亚比绍政府签署协议，安哥拉将对几内亚比绍公共传媒，即广播、电视、报纸和新闻机构等领域实施技术援助，扶持几内亚比绍的各个私营传媒机构，并在几内亚比绍建设一个社区广播电台。2012 年 7 月 12 日，安哥拉驻几内亚比绍共和国大使馆向几内亚比绍电视台赠送了一批新闻器材，包括三台摄影机及配件、一套剪辑设备、电池、充电器、投影机、存储卡、三脚架和磁盘处理器等。[②] 2013 年 11 月 4 日，澳门广播电视有限股份公司（TDM）与佛得角、几内亚

---

① 乔旋、李广一编著《几内亚比绍》，第 135～136 页。

② 《安哥拉政府向几比电视台提供新闻器材和技术援助》，中华人民共和国驻几内亚比绍共和国大使馆经济商务处网站，http://gw.mofcom.gov.cn/article/jmxw/201207/20120708227941.shtml，最后访问日期：2019 年 11 月 24 日。

比绍通讯社及东帝汶电台签署了一份新闻人员培训的合作协议，为几内亚比绍和佛得角的新闻机构工作人员提供培训。①

第三节 文学与艺术的发展情况

一 文学

几内亚比绍曾为非洲古国桑海帝国的一部分，具有深厚的非洲文化底蕴，格里奥是非洲口头文学的传统象征。格里奥是撒哈拉以南非洲世代相传的诗人、口头文学家、艺术家和琴师等一类人的总称。古代格里奥一部分进入宫廷，担任相当于国王、诸侯的史官、顾问、传话人的职务。在有文字记载以前，王国的大法、家族的系谱、重要的史实，都依靠他们的记忆和口头传授得以保存下来。另外一部分格里奥为行吟艺人，他们带着简单乐器周游四方，传授知识。他们善于把枯燥的历史事实编成趣味盎然的传说，被称为语言大师。殖民者入侵撒哈拉以南非洲以后，格里奥曾被贬抑。当代非洲作家认为格里奥及其口头文学是一份极为珍贵的文化遗产。

随着独立解放运动的开展，几内亚比绍文学开始具有反映时代的特点。几内亚比绍于 1977 年 1 月在解放区出版了诗集《支持斗争中的人》，其中收集了 14 位诗人的作品。这部诗集标志着几内亚比绍葡萄牙语文学的开端。非洲最重要的反殖民运动领导人

---

① 《澳门广播电视有限公司与几比通讯社签署新闻人员培训协议》，中华人民共和国驻几内亚比绍共和国大使馆经济商务处网站，http://gw.mofcom.gov.cn/article/jmxw/201311/20131100381931.shtml，最后访问日期：2019 年 11 月 24 日。

之一、几内亚和佛得角非洲独立党的奠基人阿米尔卡·卡布拉尔就是一位作家，他撰写了《论非洲土地的使用》和《几内亚人民对几内亚农业生产的贡献》等文章。他创作的诗篇《这是我们亲爱的家乡》，后来成为几内亚比绍国歌的歌词。1973 年初他牺牲后，纽约和伦敦的每日评论社将他生前发表的文章和演讲汇集成册出版，书名为《几内亚革命》和《落叶归根》。①

二 音乐

20 世纪初，几内亚比绍的作曲家开始发扬几内亚比绍的音乐风格，在音乐领域中，用自己独特的歌声吟唱，并很快得到世界的认可。几内亚比绍音乐常与多节奏的"古穆贝"（Gumbe）有关。古穆贝有时泛指几内亚比绍的各种音乐，但通常特指一种融合了该国十种民间音乐传统的独特音乐风格。古穆贝是几内亚比绍音乐的标志，但多年的社会动荡已令古穆贝和主流听众脱节。帝那（Tina）和汀卡（Tinga）是几内亚比绍流行的其他音乐类型，适用于几内亚比绍民间葬礼、灌顶等仪式。葫芦是该国主要的乐器，用于演奏极富节奏感的复杂舞曲。几内亚比绍人常用克里奥尔语创作歌词，内容幽默，也与时事息息相关，特别关注艾滋病的感染和防治。

"超级妈妈琼博"（Super Mama Djombo）曾是几内亚比绍家喻户晓的流行乐队，组建于 20 世纪 60 年代中期。该乐队经常在路易斯·卡布拉尔公开演说时表演，他们的音乐现场也会通过电台在线直播。1978 年"超级妈妈琼博"曾前往古巴参加第 11 届哈瓦那

---

① 乔旋、李广一编著《几内亚比绍》，第 137 页。

青年音乐节。1980 年初，他们在葡萄牙里斯本记录了 6 个小时的音乐素材，同年，他们的第一张专辑发布，其中歌曲《潘帕利达》（*Pamparida*）在整个西非轰动一时。自卡布拉尔下台后，由于得不到新领导人维埃拉的支持，该乐队鲜有机会演出，最终于 1986 年解散。但 2012 年，"超级妈妈琼博"再次组合并在欧洲巡演，乐队希望通过演出告诉世界："几内亚比绍最响亮的声音不是枪声，而是音乐。"[①]

三　电影

几内亚比绍电影的发展根植于几内亚比绍当地民族文化土壤，并且与几内亚比绍的社会、政治、经济、文化紧密契合，同时又与世界整体经济环境、世界电影运作发展趋势互为促进和依托。几内亚比绍电影业经历了欧美国家电影的国际性扩张以及 20 世纪 80 年代以来逐步向多元推动、多元共存的多元化格局的转变。从 20 世纪 80 年代开始，影视传播在几内亚比绍迅猛发展。几内亚比绍的影视艺术不仅赢得了受众最广泛的青睐，以前所未有的传播幅度和力度，影响着几内亚比绍的社会生活、文化结构和人们的价值取向、审美习惯，而且作为一种融现代技术与艺术为一体的朝阳产业，开辟了一个蓬勃兴旺的视听时代。

弗洛拉·戈麦斯（Flora Gomes）推动了几内亚比绍电影业的发展。弗洛拉·戈麦斯于 1949 年 12 月 31 日出生于几内亚比绍的卡迪克，是国际知名的电影导演，他十分支持几内亚比绍人民反抗葡萄牙殖民统治，也很崇拜阿米尔卡·卡布拉尔。1972 年他离开几内亚比绍去古巴电影学院学习电影艺术。戈麦斯最有名的电影是

[①]　乔旋、李广一编著《几内亚比绍》，第 137～138 页。

《我的声音》（*Nha Fala*）。戈麦斯的电影作品《否认死亡》（*Mortu Nega*）（1988 年）是几内亚比绍历史上第一部科幻电影。1992 年，戈麦斯指导的电影《蓝眼睛咏苔》（*Udju Azul di Yonta*）在 1992 年戛纳电影节上展映。戈麦斯还曾担任过许多非洲电影节的主席。[①]

第四节　体育的发展情况

几内亚比绍政府文体国务秘书处下设体育总局，负责全国范围内体育活动的规划、组织、领导和协调工作。还设有单项体育协会，如足球协会、网球协会等。近年来，几内亚比绍政府开始重视国民身体素质的改善和对国际体育赛事的参与。

一　群众体育

为提高国民身体素质，几内亚比绍政府积极开展群众性体育活动。足球是几内亚比绍第一体育项目，普及面很广。全国经常举办足球联赛、选拔赛和地区间比赛，国家队也参加了非洲地区性的比赛。独立以来，几内亚比绍举办了十多届"阿米尔卡·卡布拉尔杯足球赛"，参赛地区主要为西非地区国家。在比绍市内，经常可以看到一些儿童光着脚在道路两旁踢球。除此之外，几内亚比绍政府还越来越重视青少年的体育锻炼，2015 年 4 月 8 日，由几内亚比绍国家教育与高等教学部主办的为期四天的第七届全国学校青少年运动会在国家体育场开幕，来自全国七个地区的中学派代表参加，几内亚比绍国家教育与高等教学部长塞梅多、代

---

① 乔旋、李广一编著《几内亚比绍》，第 139 页。

总理巴西罗·贾出席了开幕式。①

二　体育竞赛

几内亚比绍至 2018 年已先后六次参加国际夏季奥运会，包括亚特兰大、悉尼、雅典、北京、伦敦和里约奥运会，但从未参加过冬季奥运会，也从未获得奥运奖牌。2012 年，四名几内亚比绍运动员参加了伦敦奥运会，包括两名摔跤运动员和两名田径运动员。参加摔跤比赛的运动员分别是奥古斯托·米达纳（73 公斤级）和雅西拉·门东萨（64 公斤级），田径运动员是席尔瓦（100 米）和马丁内斯（400 米）。其中奥古斯托·米达纳获得第八名的好成绩。2014年 9 月，几内亚比绍全国摔跤协会派出由五人组成的代表团，包括一名领队、一名教练和三名运动员参加在乌兹别克斯坦举行的世界自由式摔跤锦标赛。2014 年 3 月，运动员奥古斯托·米达纳在突尼斯非洲自由式摔跤比赛上获得冠军。2016 年，几内亚比绍派出五名运动员组成的代表团参加巴西里约奥运会。② 几内亚比绍摔跤队还参加了西非国家经济共同体摔跤比赛，目前摔跤成绩排名世界第五位。2017 年 1 月，几内亚比绍国家足球队奔赴加蓬征战第 31 届非洲国家杯足球赛，这是几内亚比绍国家足球队历史上第一次进入非洲杯 16 强。③

---

① 《几比举办第七届全国青少年运动会》，中华人民共和国驻几内亚比绍共和国大使馆经济商务处网站，http://gw. mofcom. gov. cn/article/jmxw/201504/20150400937432. shtml，最后访问日期：2019 年 11 月 24 日。

② 《几内亚比绍派代表团参加 2016 年里约奥运会》，中华人民共和国驻几内亚比绍共和国大使馆经济商务处网站，http://gw. mofcom. gov. cn/article/jmxw/201608/20160801375653. shtml，最后访问日期：2019 年 11 月 24 日。

③ 《几比国家足球队奔赴加蓬征战 2017 年非洲国家杯》，中华人民共和国驻几内亚比绍共和国大使馆经济商务处网站，http://gw. mofcom. gov. cn/article/jmxw/201701/20170102499095. shtml，最后访问日期：2019 年 11 月 14 日。

　　几内亚比绍加强了对体育相关人员的培训。2013 年 11 月 13 ~ 15 日，几内亚比绍奥委会举办了体育记者培训班，以加强体育媒体从业者对理论的学习和实践，16 名来自公共、私营和社区媒体机构的体育记者参加了培训。在开班仪式上，几内亚比绍奥委会秘书长洛贝滋指出，对几内亚比绍体育媒体记者的培训工作是几内亚比绍奥委会四年计划的重要组成部分。由于几内亚比绍体育赛事较少，媒体记者实践能力较弱，此次培训班的目的是增强媒体体育报道的能力。

第五节　文化和教育发展的问题

一　教育发展水平低，文盲、童工率高

　　总体来说，几内亚比绍的教育发展和全民文化素质都处于较低的水平，文盲率和失学率较高。2018 年几内亚比绍国家教育与高等教学部统计局长奥古斯托·马丁斯宣布的一组数据指出，几内亚比绍克瓦梅·恩克卢马国立中学 2017 学年失去 3000 余名学生。该校往年7 ~ 12 年级大约有 5000 名学生，这意味着 2017 学年该中学的失学率超过 50%。[①] 由于国家经济困难和家长无力负担子女的教育经费，加上开学时间的延误以及连续的停课，家长和教育部门无力对教育投入过多关注。也由于经济的落后、教育水平的低下，儿童被用作劳动力的现象一直难以被避免，因此童工率较高。

---

① 《几内亚比绍克瓦梅·恩克卢马国立中学 2017 学年失学率超过一半》，中华人民共和国驻几内亚比绍共和国大使馆经济商务处网站，http://gw. mofcom. gov. cn/article/jmxw/ 201808/20180802780653. shtml，最后访问日期：2019 年 11 月 14 日。

近年来，由于几内亚比绍国内政局不稳定、经济困难，政府拖欠各级公立学校教职员工工资，因此教师罢工现象频频出现，国家教育事业发展严重受挫，但几内亚比绍教育事业得到了国际社会的大力帮助。2012 年 3 月，世界银行向几内亚比绍援助资金用来建立巴法塔、卡谢乌、布巴等地的教师培训中心，以提高几内亚比绍的教学质量。几内亚比绍和日本两国政府签署了一项援建几内亚比绍首都 16 所小学的谅解备忘录。2014 年 1 月，世界银行将帮助过渡政府支付几内亚比绍初等教育公立学校教师 2014 年上半年工资，以确保教学工作的连续性。2014 年 3 月 11 日，由葡萄牙合作组织（非政府组织）修建的、价值 100 万欧元的几内亚比绍全国聋哑学校竣工。2014 年 4 月 19 日，葡萄牙非政府组织培训、医疗、卫生发展协会宣布将在几内亚比绍郊区修建一所能容纳 300 名学生的学校，并完成学校粉刷工程和安装教室桌椅等。

二　政治局势长期不稳定，媒体和文学发展受制约

国内社会秩序的混乱和政治局势长期不稳定都在一定程度上影响了几内亚比绍新闻媒体和文学艺术的发展，使新闻媒体起步晚、新闻人才与设施缺乏，也使文学艺术不能得到更广泛的普及和蓬勃发展。2013 年 1 月 30 日，无国界记者组织发布 2013 年 179 个国家的媒体自由指数，几内亚比绍较 2012 年下跌 17 名，排名第 92 位。2012 年几内亚比绍发生军事政变，关于政变方面的报道明显有军方对媒体施压的迹象，从而使排名下降。[①]

---

① 《无国界记者组织公布 2013 媒体自由指数》，中华人民共和国驻几内亚比绍共和国大使馆经济商务处网站，http://gw.mofcom.gov.cn/article/jmxw/201301/20130100018775.shtml，最后访问日期：2019 年 11 月 14 日。

几内亚比绍的流行音乐也一直受政治局势不稳定的影响，尤其是在 20 世纪 80 年代，几内亚和佛得角非洲独立党一党执政，对流行音乐禁令较多，因此几内亚比绍的流行歌手与几内亚比绍政府的关系一直不太好，例如歌手何赛·卡洛斯·施瓦兹和泽·马内尔，还有"超级妈妈琼博"都曾在作品中评判政府，其发展都受到政府的严禁限制。

三　软硬件设施不足，体育发展靠援助

虽然近年几内亚比绍政府开始重视改善国民身体素质和提高国家体育水平，但由于财政困难，政府对体育事业的投资很有限，体育协会和俱乐部缺少活动经费和必要的运动器械，一些旧的体育设施也得不到修缮、更新。但在各方面的支持下，几内亚比绍的体育得以更好地发展。2012 年 6 月 7 日，非洲最大电信公司MTN 集团与几内亚比绍足球协会在比绍签约，承诺赞助几内亚比绍国家队所有比赛。签约之后，几内亚比绍足球协会主席洛佩斯说，这次赞助帮助足协克服了一定困难，将使几内亚比绍足球水平再上一个台阶。[1] 2012 年国际奥委会为几内亚比绍四名参赛选手共计颁发 7000 美元的补贴。

---

[1] 《MTN 通讯公司将投资 3400 万西非法郎帮助几比足球队参加非洲杯选拔赛》，中华人民共和国驻几内亚比绍共和国大使馆经济商务处网站，http://gw.mofcom.gov.cn/article/jmxw/201206/20120608177598.shtml，最后访问日期：2019 年 11 月 16 日。

第七章
几内亚比绍的外交关系

几内亚比绍自独立之日起，奉行独立自主、合作、睦邻友好的外交政策，愿与不同社会制度和不同发展水平的国家建立平等互利的友好合作关系。几内亚比绍重视与葡萄牙、其他葡语国家以及周边国家的往来，并保持着友好的外交关系；积极参加国际组织，寻找发展机遇，提高本国经济水平，维护本国社会安定。此外，建交的许多国家对几内亚比绍提供了资金、政治、物资等援助，帮助几内亚比绍发展经济、稳定社会秩序。

第一节　外交政策和国际组织

一　外交政策

几内亚比绍强调外交为发展服务。几内亚比绍政府始终坚持平等互利、不干涉内政、和平解决争端的原则；尊重联合国宪章和非盟的精神和原则；主张建立国际政治和经济新秩序。几内亚比绍重视与非洲国家的合作，支持非洲统一和实现经济一体化，积极参与西非地区事务、非洲发展新伙伴计划等活动，强调睦邻友好的外交政策。

几内亚比绍重视与塞内加尔、几内亚等周边国家的发展关系，积极加强同葡萄牙、法国等西方国家及国际金融组织的合作。几内亚比绍是多个世界组织的成员，如：葡语国家共同体、联合国、世界贸易组织、西非国家经济共同体、不结盟运动、伊斯兰合作组织、法语国家组织、萨赫勒—撒哈拉国家共同体等，并与世界近 60 个国家建立了外交关系。[①] 许多国际组织在比绍设有代表处，如：欧洲联盟、联合国开发计划署、联合国粮食计划署、联合国儿童基金会、世界卫生组织、世界粮农组织等。2012 年几内亚比绍发生军事政变后，联合国、欧盟等国际组织对几内亚比绍实施制裁，其中非洲联盟中止了几内亚比绍的成员国资格。2014 年几内亚比绍大选后，社会趋于稳定，国际社会纷纷解除对几内亚比绍的制裁，只有联合国未解除对军事政变领导人的旅行禁令。2014年 7 月，非洲联盟正式恢复几内亚比绍成员国资格。

二 参与国际组织

几内亚比绍参与多个国际组织，积极与国际接轨，把握国际发展机遇，促进国内经济发展，维持社会稳定。

几内亚比绍是中非合作论坛（Forum on China-Africa Cooperation，FOCAC）的成员。2000 年 10 月 10～12 日中非合作论坛——北京 2000 年部长级会议在北京召开，中非合作论坛正式成立。该组织由中国、与中国建交的 51 个非洲国家以及非洲联盟委员会共

[①] 中华人民共和国驻几内亚比绍共和国大使馆网站，http://gw.china-embassy.org/chn/，最后访问日期：2019 年 11 月 25 日。

同组成，其目的是进一步加强中国与非洲国家在新形势下的友好合作，共同应对经济全球化挑战，谋求共同发展。中非合作论坛的宗旨是平等互利、平等磋商、增进了解、扩大共识、加强友谊、促进合作。该论坛每三年举行一次部长级会议，自 2000 年成立至 2019 年已成功举办五届部长级会议，中非国家在政治、经贸合作、和平安全和人文交流等方面取得了丰硕成果。在和平安全方面，中国派维和部队赴刚果、南苏丹等国家，协助维护国家稳定。在人文交流方面，举办多项文艺活动，以讲座、影视作品等形式丰富成员国文化，此外中国和南非共同联手助推职教发展。在经贸合作方面，通过"一带一路"寻找中国和非洲多领域、多层次的合作，同时进口博览会推动中国和非洲经贸合作更加走深、走实、走稳。几内亚比绍通过中非合作论坛平台，抓住"一带一路"倡议发展机遇，发展本国经济，深化与其他国家在政治、经贸等领域的合作，加强与成员之间的人文交流和往来。

几内亚比绍参加了西非国家经济共同体（Economic Community of West African States，ECOWAS，以下简称西共体）。西共体于 1975 年 5 月 28 日成立，该组织是由 15 个成员组成的区域集团，其任务是在成员国的所有活动领域促进经济一体化、加强经济合作。西共体的综合经济活动围绕但不限于工业、运输、电信、能源、农业、自然资源、商业、货币、金融、社会以及文化事务。经过成员国不断的努力，西共体达成多项成果，其中包括西共体融合理事会通过的宏观经济融合报告、13 个成员国共同签署的经济伙伴关系协定（EPA）、共同制定的西共体共同贸易政策（CTP）和西共体贸易发展战略等。西共体支持几内亚比绍的发展，2019 年 11 月 24 日，西共体派选举观察团赴几内亚比绍总统选举现场，并以 150 万美元支持总统选举。① 西共体的观察员在几内亚比绍选举前提供可靠的技术团队，实时分析选举情况并提出大量建议，帮助几内亚比绍营造公众信任的气氛，鼓励公民参加选举。西共体 2020 年的愿景是将西共体从一个国家机构转变为一个人民社区。几内亚比绍通过参加西共体，积极与成员国发展合作，可以提升本国的经济实力，并通过西共体的帮助稳定国内安定秩序。

几内亚比绍与葡萄牙语国家共同体（Community of Portuguese-Speaking Countries，CPLP，以下简称葡语国家共同体）成员拥有共同的语言、相似的历史背景、共同的奋斗目标。葡语国家共同体于 1996 年 7 月 17 日成立，该组织是特殊的多边论坛，可以加深其成员之间的友谊与合作。该组织的主要目标是：第一，协调各成员国之间的政治外交，提升其在国际舞台上的话语权；第二，加强包括教育、卫生、科学技术、国防、农业、公共行政、通信、司法、公共安全、文化、体育和媒体等所有领域的合作；第三，为以葡萄牙语为官方语言的葡语国家建立友谊论坛。该组织成立至今取得了较大的发展和成就，已举行众多会议，探讨多项内容，达成多项合作。在教育方面，开展葡语国家共同体高等教育监管机构会议；制定关于葡语国家共同体国家高等教育课程的质量保证、评估和认证的决议；共享葡语国家共同体关于培训工具和方法的信息；在里斯本举行葡语国家共同体科学、技术和高等教育部会议，分享倡议信息，以及与其他组织合作。在基础建设方面，葡语

---

① Economic Community of West African States, https://www.ecowas.int/ecowas-mission-observes-the-presidential-election-in-guinea-bissau/, 最后访问日期：2019 年 11 月 15 日。

国家共同体探讨宽带基础设施建设，对实施葡语国家共同体数字议程的拟议战略进行提案分析，并决定 2020 年在佛得角举行葡语国家共同体第十一届通信部长会议。葡语国家共同体在会员国举行促进旅游业可持续发展的会议，重点讨论促进葡语国家共同体旅游业发展的因素，包括流动、自由流动、便利化、签证、连通性等内容。几内亚比绍参与该组织可以深化与其他葡语国家之间的友谊，深化所有领域的合作，共同提高葡语国家在国际范围内的话语权。

　　几内亚比绍是世界贸易组织（World Trade Organization，WTO，以下简称世贸组织）的成员。世贸组织成立于 1995 年 1 月 1 日，拥有 164 个成员国。[1] 世贸组织是唯一一个处理国家间贸易规则的全球性国际组织，该组织的目标是提供一个解决成员之间贸易冲突的论坛并进行谈判，以进一步降低或消除关税和其他贸易壁垒。世贸组织对实现《2030 年可持续发展议程》有至关重要的作用，该议程设定了到 2030 年在减贫、卫生、教育和环境等领域要实现的目标。可持续发展目标体现出世贸组织对贸易在促进可持续发展中作用的高度重视，并反映出世贸组织可以对《2030 年可持续发展议程》的推进做出重要贡献。世贸组织可以帮助会员国降低生活成本并提高生活水平，解决粮食安全问题；解决争端和减轻贸易紧张局势；刺激经济增长和就业；降低国际经营成本；鼓励善政；帮助国家发展；给予弱势者更大的声望；支持保护环境与健康；促进和平与稳定地等。[2] 几内亚比绍参与该组织，有利于保

---

[1]　World Trade Organization，https://www.wto.org/english/thewto_e/whatis_e/tif_e/org6_e.htm，最后访问日期：2019 年 12 月 7 日。

[2]　World Trade Organization，https://www.wto.org/english/thewto_e/whatis_e/10thi_e/10thi00_e.htm，最后访问日期：2019 年 12 月 7 日。

护本国利益，发展本国经济，并借助世贸组织保障国家之间贸易的公平、减少贸易摩擦。

第二节　同葡语国家的外交关系

一　同葡萄牙的外交关系

几内亚比绍与葡萄牙有着源远流长的联系，两国一直保持着特殊的关系。葡萄牙是几内亚比绍的重要贸易伙伴和最大援助国。几内亚比绍与葡萄牙签署了友好总协定，在农业、渔业、工业、航空、通信、水电、新闻、文教、体育、司法和行政管理等众多领域都有合作，同时设有两国混委会。葡萄牙关注几内亚比绍的发展，并进行多方面援助，几内亚比绍与葡萄牙也保持着友好的往来关系。

在高层互访方面，两国保持着友好的交流和往来；在政治与资金援助方面，葡萄牙给予了几内亚比绍重大援助。1980～1999年，几内亚比绍接受了葡萄牙援助的 7000 余万美元；1999 年底，葡萄牙向几内亚比绍援助 1.6 亿西非法郎；2000 年，几内亚比绍和葡萄牙签署三年合作协议，葡萄牙向几内亚比绍提供 4000 万美元援助。[①] 2003 年，几内亚比绍过渡总统罗萨正式访问葡萄牙，自此之后两国高层领导人互访频繁。2012 年 4 月，几内亚比绍发生政变，葡萄牙予以强烈谴责，并坚持要求恢复原合法政府。2013年 6 月，几内亚比绍经过努力组成更具包容性的过渡政府后，葡萄牙表示会资助几内亚比绍选举。2014 年 6 月，瓦斯总统在正式就职前访问葡萄牙，会见葡萄牙总统席尔瓦。2014 年 11 月，佩雷拉

----

① 李广一编著《赤道几内亚　几内亚比绍　圣多美和普林西比　佛得角》，第 181 页。

总理访问葡萄牙，并争取到葡萄牙 682.5 万欧元的援助承诺。2015 年 7 月，葡萄牙总理科埃略访问几内亚比绍，并签署双边合作五年计划书，葡萄牙将在 2015～2020 年向几内亚比绍提供各类援助，总计约 4000 万欧元。

在国家关怀方面，两国政府互相问候与关注。2017 年 1 月，瓦斯总统赴葡萄牙出席葡萄牙前总统苏亚雷斯葬礼。2017 年 10 月，几内亚比绍政府发布公告，向葡萄牙森林火灾遇难者家属表示慰问。2018 年 1 月，葡萄牙总统德索萨致函瓦斯总统，就比绍郊区发生严重交通事故表示哀悼和慰问。2018 年 6 月，几内亚比绍总理戈梅斯访问葡萄牙。2018 年 7 月，瓦斯总统会见葡萄牙总理科斯塔。2019 年 7 月 26 日至 27 日，葡萄牙外长席尔瓦正式访问几内亚比绍。①

二 同安哥拉的外交关系②

几内亚比绍与安哥拉均属于非洲葡语国家，因此两国保持着良好的双边关系，两国在政治、经济、社会等各领域保持交流与合作。2007 年 2 月、2008 年 6 月，维埃拉总统两次访问安哥拉。在担任葡语国家共同体轮值主席国期间，安哥拉对几内亚比绍国防和安全领域改革给予大力支持，向几内亚比绍派遣军事团、提供人员培训等帮助其实施改革。2009 年 1 月、2010 年 9 月，戈梅

---

① 《几内亚比绍国家概况》，中华人民共和国外交部网站，https://www.fmprc.gov.cn/web/gjhdq_676201/gj_676203/fz_677316/1206_677752/1206x0_677754/，最后访问日期：2019 年 12 月 1 日。

② 《几内亚比绍国家概况》，中华人民共和国外交部网站，https://www.fmprc.gov.cn/web/gjhdq_676201/gj_676203/fz_677316/1206_677752/1206x0_677754/，最新访问日期：2020 年 3 月 10 日。

斯总理访问安哥拉。2011 年 6 月，安哥拉武装部队总参谋长访问几内亚比绍；同年 12 月，几内亚比绍总理戈梅斯访问安哥拉。2012 年 1 月，安哥拉国防部长访问几内亚比绍；2012 年 4 月，几内亚比绍政变，军方要求安哥拉军事团撤离。2012 年 6 月，安哥拉军事团于几内亚比绍政变后正式撤离。2014 年 6 月，瓦斯总统赴安哥拉出席非洲葡语国家峰会并进行拜访。2015 年 6 月，几内亚比绍议长卡萨马访问安哥拉。2017 年 8 月，瓦斯总统向安哥拉新当选总统若昂·洛伦索致贺电。2017 年 9 月，瓦斯总统赴安哥拉出席洛伦索的就职典礼。几内亚比绍与安哥拉保持着频繁互访的友好往来关系。

三　同佛得角的外交关系[①]

几内亚比绍和佛得角人民曾在几内亚和佛得角非洲独立党的统一领导下携手进行了争取民族独立的斗争。两国在独立后继续保持两国一党的局面。两国外交关系发生过恶化现象但很快就恢复友好关系。1980 年，两国关系恶化，佛得角另立新党——佛得角非洲独立党，1982 年两国关系正常化。2003 年几内亚比绍军事政变后，佛得角外长参加西共体代表团赴几内亚比绍斡旋。

佛得角与几内亚比绍保持着友好的往来关系，高层互访频繁。2004 年 4 月，佛得角总统皮雷斯访问几内亚比绍。2004 年 5 月，佛得角总理内韦斯出席几内亚比绍新政府就职仪式。2004 年 6 月，佛得角外长博尔热斯访问几内亚比绍。2005 年 3 月，佛得角总统

---

① 几内亚比绍国家概况》，中华人民共和国外交部网站，https://www.fmprc.gov.cn/web/gjhdq_676201/gj_676203/fz_677316/1206_677752/1206x0_677754/，最后访问日期：2020 年 3 月 10 日。

皮雷斯再访几内亚比绍。7月，戈梅斯总理访问佛得角。2006年3月，维埃拉总统出席佛得角总统皮雷斯连任就职仪式。2008年12月，佛得角总统皮雷斯访问几内亚比绍。2009年4月，两国政府共同在佛得角首都普拉亚举办几内亚比绍国防和安全部门改革问题圆桌会议。8月，几内亚比绍侨务国务秘书迪亚斯访问佛得角。2011年9月，萨尼亚总统赴佛出席佛前总统佩雷拉葬礼。同月，戈梅斯总理赴佛得角出席佛得角新任总统丰塞卡就职仪式。几内亚比绍在佛得角设立使馆。2011年11月，佛得角总理内维斯访问几内亚比绍。2012年几内亚比绍发生政变后，佛得角与葡语国家共同体保持一致立场，支持几内亚比绍政府。2014年6月，佛得角总统丰塞卡赴几内亚比绍出席瓦斯总统就职仪式。2014年12月，达罗萨外长访问佛得角。2015年1月，佩雷拉总理访问佛得角；2015年7月，佛得角总理内韦斯进行回访。2017年4月，瓦斯总统特使、国务部长兼能源与工业部长佩雷拉访佛。7月，瓦斯总统向佛得角致国庆贺电。

四　同其他葡语国家的外交关系

几内亚比绍是非洲葡语五国首脑会议成员、葡语国家共同体创始国之一，重视同莫桑比克、圣多美和普林西比以及巴西关系的发展。2006年7月，几内亚比绍举办第六届葡语国家共同体首脑会议。2006年7月至2008年7月，几内亚比绍担任葡语国家共同体轮值主席国。

葡语国家共同体支持几内亚比绍政府。2010年8月，葡语国家共同体代表团访几内亚比绍。12月，萨尼亚总统出席巴西新总统罗塞夫的就职典礼。2011年7月，巴西外长访问几内亚比绍，双方签署农业科技协议。2012 年，几内亚比绍发生政变后，葡语国家共同体成员国保持一致立场，呼吁几内亚比绍尽早举行大选，结束过渡期。2013 年 1 月，东帝汶前总统奥尔塔被任命为联合国秘书长几内亚比绍问题特别代表兼联合国几内亚比绍建设和平综合办事处（以下简称联几建和办）主任。

葡语国家共同体成员国与几内亚比绍保持友好往来并积极援助其发展。2014 年以来，东帝汶积极为几内亚比绍大选提供援助。2014 年 6 月，东帝汶总理沙纳纳访问几内亚比绍。同月，葡语国家均派代表出席了瓦斯总统就职仪式。2014 年 7 月，圣多美和普林西比前总统特罗瓦达继任联合国秘书长特代兼联几建和办主任。同月，佩雷拉总理赴东帝汶出席葡语国家共同体峰会。2015 年 1 月，瓦斯总统赴巴西出席罗塞夫总统连任就职仪式。2016 年 11 月 1 日，巴西罗·贾总理前往巴西利亚参加第十一届葡语国家共同体国家元首和政府首脑峰会。2018 年 10 月，东帝汶向几内亚比绍提供 12.5 万美元资金用于支持选民登记。

第三节　同其他国家的外交关系[①]

一　法国与几内亚比绍的关系发展

1975 年几内亚比绍同法国正式建交。两国建交期间，法国向几内亚比绍提供资金、物资等援助。1987～1992 年，法国援助几内亚比绍约 4200 万美元；1997 年 5 月，由于几内亚比绍公共机关被拖欠

---

① 《几内亚比绍国家概况》，中华人民共和国外交部网站，https://www.fmprc.gov.cn/web/gjhdq_676201/gj_676203/fz_677316/1206_677752/1206x0_677754/，最后访问日期 2020 年 3 月 10 日。

工资，法国提供 200 万法郎援助几内亚比绍解决此危机；[①] 1998 年几内亚比绍兵变后，法国支持塞内加尔和几内亚出兵几内亚比绍平叛，并向其提供军用物资援助。1999 年 5 月，维埃拉总统下台后，几内亚比绍军人焚烧法国驻几内亚比绍使馆，两国关系一度紧张。亚拉总统执政后，法国恢复与几内亚比绍合作。2003 年几内亚比绍发生军事政变后，法国向几内亚比绍过渡政府提供多次援助。2005 年 1 月，法国援助 50 万欧元用于弥补几内亚比绍 2004 年的财政赤字。

两国高层之间保持友好往来，互访不断增多。2006 年 5 月，维埃拉总统访问法国。2006 年 6 月和 10 月，阿里斯蒂德斯·戈梅斯总理两次访问法国。2007 年 2 月，维埃拉总统赴法出席第 24 届法非首脑会议。2010 年 5 月，萨尼亚总统赴法国出席第 25 届法非首脑会议。2011 年 7 月，法国资助 19.1 万欧元用于改善几内亚比绍的医疗卫生和扫盲工作，加强渔业和手工业的发展。2011 年 11 月，法国免除几内亚比绍 856 万欧元债务。2017 年 5 月，瓦斯总统向法国新任总统马克龙致电表示祝贺。2018 年 6 月，戈梅斯总理访问法国。2018 年 9 月，卡萨马议长访问法国。[②]

二　美国与几内亚比绍关系的改善[③]

几内亚比绍同美国于 1976 年建交，两国建交后关系有所改善。

[①] 李广一编著《赤道几内亚　几内亚比绍　圣多美和普林西比　佛得角》，第 182 页。

[②] 《几内亚比绍国家概况》，中华人民共和国外交部网站，https://www.fmprc.gov.cn/web/gjhdq_ 676201/gj_ 676203/fz_ 677316/1206_ 677752/1206x0_ 677754/，最近访问日期：2020 年 3 月 10 日。

[③] 《几内亚比绍国家概况》，中华人民共和国外交部网站，https://www.fmprc.gov.cn/web/gjhdq_ 676201/gj_676203/fz_677316/1206_677752/1206x0_677754/，最后访问日期：2020 年 3 月 10 日。

在几内亚比绍的首都比绍，美国国际开发署设置代表处，在农业、水利、医疗卫生、教育和沿海安全等方面对其提供援助，并且美国向几内亚比绍派有和平队。1998 年几内亚比绍发生内战后，美国关闭大使馆，国际开发署驻比绍代表处也随即撤离。2003 年 9 月，几内亚比绍发生军事政变后，美国政府拒绝承认几内亚比绍过渡政府。2006 年 10 月，戈梅斯总理访问美国。2009 年 1 月，佩雷拉议长出席在纽约举行的世界和平大会。2011 年，几内亚比绍总理和外长出席在纽约召开的第 66 届联大，会见了美国主管非洲事务副国务卿。2011 年 12 月，国防与祖国解放战士部长贾日亚访问美国。2013 年 4 月，美国特工以涉嫌贩毒为由抓捕几内亚比绍前海军参谋长布博·纳·楚托并将其押解至纽约候审，几内亚比绍过渡政府对此表示不满。几内亚比绍新政府成立后，美国表示欢迎。2014 年 8 月，瓦斯总统出席首届美非峰会。

三 几内亚比绍同几内亚的关系①

几内亚比绍同几内亚关系密切。1998 年 6 月，几内亚比绍兵变后，几内亚支持几内亚比绍政府并出兵协助维埃拉政府。两国高层保持着频繁的友好往来关系。2003 年 11 月，几内亚比绍过渡总统罗萨访问几内亚。2004 年 1 月，罗萨总统赴几内亚出席几总统兰萨纳·孔戴连任就职仪式。2005 年 8 月，几内亚比绍总统维埃拉对几内亚进行私人访问。2007 年 2 月，维埃拉总统访问几内亚。2008 年 3 月和 10 月，维埃拉总统两次访问几内亚。2008 年 12

---

① 《几内亚比绍国家概况》，中华人民共和国外交部网站，https://www.fmprc.gov.cn/web/gjhdq_676201/gj_676203/fz_677316/1206_677752/1206x0_677754/，最后访问日期：2020 年 3 月 10 日。

月，几内亚总理苏瓦雷访问几内亚比绍。同月，维埃拉总统赴几内亚出席兰萨纳·孔戴总统葬礼。2009年8月，戈梅斯总理访问几内亚。2011年9月，戈梅斯总理在出席第66届联大期间在纽约会见了几内亚总统阿尔法·孔戴。2012年几内亚比绍发生政变后，几内亚进行援助，孔戴总统出任西共体几内亚比绍问题调解人，积极参与斡旋。2014年6月，瓦斯总统在正式就职前访问几内亚。同月，孔戴总统赴几内亚比绍出席瓦斯就职仪式。2016年9月，西共体委派几内亚总统孔戴和塞拉利昂总统科罗马赴几内亚比绍进行协调。10月14日，在孔戴的倡议下，几内亚比绍政界各方签署关于组建包容性政府的《科纳克里协议》。2017年5月，瓦斯总统访问几内亚。2018年2月，瓦斯总统访问几内亚。5月、7月，戈梅斯总理访问几内亚。

四　同塞内加尔的关系[①]

几内亚比绍同塞内加尔为促进两国和平发展签有友好条约。两国在发展过程中有过矛盾与争端，但通过政府努力均有所化解。具体可参见本书第三章第五节内容。

几内亚比绍同塞内加尔保持着友好往来，互访频繁。2005年8月，几内亚比绍总统维埃拉对塞内加尔进行私人访问。2006年4月，维埃拉总统赴塞内加尔出席塞内加尔独立日庆典暨瓦德总统就职典礼。2008年3月，维埃拉总统出席在塞内加尔首都达喀尔举行的伊斯兰会议组织第11届首脑会议。2009年4月，戈梅斯总

---

① 《几内亚比绍国家概况》，中华人民共和国外交部网站，https://www.fmprc.gov.cn/web/gjhdq_676201/gj_676203/fz_677316/1206_677752/1206x0_677754/，最后访问日期：2020年3月10日。

理访问塞内加尔。2009 年 10 月，几内亚比绍与塞内加尔边境地区再次出现纠纷，两国经过协商达成共识，共同发表联合公告，决定重启双方中断 16 年的合作混委会，共同打击边界地区非法活动。2010 年 5 月，萨尼亚总统访问塞内加尔。

几内亚比绍发生政变，塞内加尔积极调节与援助。2012 年几内亚比绍发生政变后，塞内加尔作为西共体成员积极参与危机调解。几内亚比绍内部趋于稳定后，两国高层互访。2014 年 6 月，瓦斯总统在正式就职前访问塞内加尔。同月，塞内加尔总统萨勒赴几内亚比绍出席瓦斯总统就职仪式。2015 年几内亚比绍政局再度动荡后，萨勒总统亦积极参与调解危机。2016 年 8 月 13 日，巴西罗·贾总理出访塞内加尔并与塞内加尔国家领导人举行会晤。12 月 27 日，恩巴洛总理出访塞内加尔。2017 年 9 月，塞内加尔总统特使、外长卡巴访问几内亚比绍。2018 年 5 月，戈梅斯总理访问塞内加尔。

第八章
中国与几内亚比绍的合作与发展

中国与几内亚比绍的关系可以追溯到几内亚比绍争取独立斗争时期，两国在文化、教育、医疗、科技、军事等领域都保持着友好的往来关系，中国积极援助几内亚比绍发展经济、稳定社会秩序。

第一节　中国与几内亚比绍的外交关系

中国与几内亚比绍保持着良好的外交关系，高层互访不断增多、贸易合作发展顺利，中国对几内亚比绍的援助涉及多个领域，以资金、技术、设备、物资等多种形式帮助几内亚比绍发展。

一　双边政治关系

1974 年 3 月 15 日，几内亚比绍与中国建交。1990 年 5 月 26 日，几内亚比绍与中国台湾建立所谓"外交关系"，中国在同月 31 日宣布中止同几内亚比绍的外交关系。1998 年 4 月 23 日，中国与几纳亚比绍恢复外交关系并开启合作新篇章，在政治、经贸、卫生等方面开展了多项合作，双方关系快速发展。

从几内亚比绍争取民族独立至今，中国对其进行了多项援助，两国高层互访不断增多。在几内亚和佛得角非洲独立党领导的争取民族独立武装斗争之初，中国从政治与财政等方面向该党提供援助。1974 年 3 月 15 日两国建交后，中国为几内亚比绍援建了稻谷技术推广站、体育场，提供了竹藤编技术，扩建了卡松果医院等。1979～1989 年，中国派出七批医疗队前往几内亚比绍。此外，20 世纪七八十年代两国高层领导人互访较多。1998 年，中国与几内亚比绍恢复外交关系，两国本着平等互利、共同发展的原则进行的互利合作取得了令双方满意的结果。

中国与几内亚比绍在高层人员交流上保持着友好往来关系。2000 年 10 月，几内亚比绍外交与侨务部长马马杜·亚亚·贾洛到北京出席中非合作论坛部长级会议。2002 年 1 月，几内亚比绍外交与侨务部长菲洛梅娜·玛斯卡雷妮娅斯·蒂波特访问中国。2002 年 12 月，几内亚比绍总统昆巴·亚拉访问中国。2004 年 6 月，几内亚比绍外交与侨务部长苏亚雷斯·桑布访问中国。2006 年 10 月，几内亚比绍总统若奥·贝尔纳多·维埃拉访问中国并出席中非合作论坛北京峰会，此外其于 2008 年 9 月，访问中国并出席北京残奥会闭幕式。2008 年 5 月，几内亚比绍议长贝南特访问中国。2010 年 9 月，几内亚比绍总理戈梅斯以几内亚和佛得角非洲独立党主席身份访问中国并出席上海世博会几内亚比绍国家馆日活动；11 月，赴澳门出席中国—葡语国家经贸合作论坛第三届部长级会议开幕式。2012 年 7 月，几内亚比绍过渡政府外交与侨务部长因巴利到中国出席中非合作论坛第五届部长级会议。2013 年 11 月，过渡政府总理德巴罗斯赴澳门出席中国—葡语国家经贸合作论坛第四届部长级会议开幕式。2016 年 10 月，几内亚比绍总理巴西罗·贾赴澳门出席中国—葡语国家经贸合作论坛第五届部长级会议。2017 年 12 月，几内亚比绍的几内亚和佛得角非洲独立党主席佩雷拉、社会革新党主席南贝阿到达中国并出席中国共产党与世界政党高层对话会。2018 年 9 月，几内亚比绍总统瓦斯到达中国并出席中非合作论坛北京峰会。2018 年 9 月，几内亚比绍的几内亚和佛得角非洲独立党主席佩雷拉访问中国。

二　双边经贸关系

自 1974 年中国与几内亚比绍建交以来，两国的合作涉及农业、渔业、建筑业、文教、卫生等领域，同时还包括在发电设备和竹编技术上的合作等，两国经贸合作关系发展顺利。

由于几内亚比绍是经济不发达国家，其市场狭小、外汇短缺以及出口品种有限，因此两国的贸易总额并不高。在中国与几内亚比绍的贸易往来中，中国对几内亚比绍出口较多，主要出口商品为轻工产品、谷物、纺织品、机电产品、高新技术产品等。中国也会从几内亚比绍进口腰果、芝麻、花生等，但是数量并不多。

在投资方面，截至 2017 年底，中国对几内亚比绍直接投资存量 7639 万美元。[①] 目前中国对几内亚比绍的投资主要来自一些民营企业或个体商户注册贸易类公司。在劳务承包方面，1984 年中国与几内亚比绍在承包劳务业务方面开启合作新大门；2017 年中国企业在几内亚比绍新签承包工程合同共四份，合同金额共 540.04 万美元，完成营业额 669.4 万美元；2017 年末在几内亚比

[①] 商务部国际贸易经济合作研究院、中国驻几内亚比绍大使馆经济商务参赞处、商务部对外投资和经济合作司：《对外投资合作国别（地区）指南几内亚比绍——（2018 年版）》，http://www.doc88.com/p-2834898930690.html，最后访问日期：2020 年 1 月 14 日。

绍的中国劳务人员共 345 人。[①]

此外，中国为帮助几内亚比绍政府和人民解决实际困难，提供了资金、物资、技术等援助。两国建交以来，中国在几内亚比绍援建的基础设施项目包含卡松果医院、国家体育场、政府办公大楼等，并承担了许多基础设施的修缮项目。在技术援助方面，中国提供农业、医疗、教育和培训等领域的技术合作服务，从根本上帮助几内亚比绍改善民生、发展经济。中国对几内亚比绍的援助受到几内亚比绍政府和人民的普遍欢迎。根据中华人民共和国驻几内亚比绍共和国大使馆经济商务处资料，2019 年中国对几内亚比绍在建的经济援助项目有：援几内亚比绍农业技术合作项目、援几内亚比绍医疗合作项目、援几内亚比绍综合技术合作项目、援几内亚比绍板丁渔业码头项目、援几内亚比绍"万村通"项目。

三 文化、科技、教育和军事等方面的往来与合作

中国与几内亚比绍在文化、科技、教育和军事等方面都有往来与合作。在文化合作方面，1982 年中国和几内亚比绍两国政府签署文化协定，两国文化代表团曾有过互访经历。在教育援助方面，从 1977 年起，中国向几内亚比绍提供一定数量的奖学金名额，2017 年中国接受几内亚比绍奖学金留学生共 376 人。[②] 此外，中国帮助几内亚比绍建立了三所中国—几内亚比绍友谊小学。

[①] 中华人民共和国商务部网站，http://www.mofcom.gov.cn/article/tongjiziliao/，最后访问日期：2019 年 11 月 15 日。

[②] 《中国同几内亚比绍的关系》，中华人民共和国外交部网站，https://www.fmprc.gov.cn/web/gjhdq_676201/gj_676203/fz_677316/1206_677752/sbgx_677756/，最后访问日期：2019 年 11 月 15 日。

在医疗合作方面，中国与几内亚比绍签署了派遣医疗队议定书。1976 年至 2019 年 7 月，中国共向几内亚比绍派遣医疗队 15 批，共计 230 人。[①] 2002 年 7 月 23 日，几内亚比绍公共卫生部长安东尼奥·塞里佛·恩巴洛和合作局局长、西芒·门德斯医院院长共同到中国驻几内亚比绍共和国大使馆接见中国医疗队员并为他们颁发荣誉证书和纪念品。2014 年西非地区爆发埃博拉疫情，中国派遣三名公共卫生专家赶赴几内亚比绍积极救援，分批次培训了 500 多名当地疫情防控人员，并向几内亚比绍提供紧急物资和紧急粮食援助。2019 年，中国有 17 名医疗队员在几内亚比绍工作。

在科技合作方面，中国派遣竹藤编技术人员到几内亚比绍培训几内亚比绍青年竹藤编技术，解决部分就业问题，同时由中国提供必要的工器具和原辅料。中国向几内亚比绍派遣农技专家进行管道排灌、农田改造，并为农业技术人员提供技术指导，提高当地农产品的产量，从根本上缓解几内亚比绍粮食不足问题。

在军事往来方面，1999 年 10 月几内亚比绍军委会统帅安苏马内·马内率团访问中国。2001 年 11 月，几内亚比绍总参谋长韦里西莫·科雷亚·塞亚布拉率代表团访问中国。2004 年 5 月 26 日，中国驻几内亚比绍共和国大使和几内亚比绍外交与侨务部长共同签署关于维修总统卫队宿舍、军官住宅和军人俱乐部的考察换文。2004 年 9 月，几内亚比绍国防与祖国解放战士部长丹尼尔·戈梅斯率团访问中国。

---

① 《中国同几内亚比绍的关系》，中华人民共和国外交部网站，https：//www.fmprc.gov.cn/web/gjhdq_676201/gj_676203/fz_677316/1206_677752/sbgx_677756/，最后访问日期：2019 年 11 月 15 日。

四　重要双边协议和文件

中国和几内亚比绍自建交以来签署了两项重要的双边协议和文件。1974 年 3 月 15 日，中国和几内亚比绍两国政府签署了建交公报。1998 年 4 月 23 日，中国和几内亚比绍两国政府共同签署了《中华人民共和国和几内亚比绍共和国关于恢复外交关系的联合公报》。

第二节　澳门在中国与几内亚比绍经贸合作中的作用

澳门的地理位置优越，与几内亚比绍有一定的历史联系，并且作为中国与葡语国家之间的平台，在中国和几内亚比绍的经贸发展中发挥着重要的促进作用。

一　中葡平台促进经贸往来

（一）中葡平台的发展与作用

中国"十二五"和"十三五"规划明确支持澳门建设中国与葡语国家商贸合作服务平台，澳门经过多方面的努力积极推进平台建设并不断提升平台作用。"中国—葡语国家经贸合作论坛"自 2003 年成立以来，分别于 2003 年 10 月、2006 年 9 月、2010 年 11 月、2013 年 11 月和 2016 年 10 月在澳门举办了五届部长级会议，历届会议均签署《经贸合作行动纲领》，明确未来三年内的合作内容和目标，并于澳门设立常设秘书处，用以执行和落实部长级会议做出的各项决定。澳门的平台地位逐渐获得国际社会的认同，该论坛的成立也推动了中国与葡语国家的经贸往来、人文交流和产业合作，为中国与葡语国家之间实现"引进来、走出去"奠定了良好的基础。

澳门为深化中国与葡语国家的往来、促进中葡经贸的发展做出了许多努力。澳门根据自身优势和特色，积极建设一个平台、三个中心（中葡中小企业商贸服务中心、葡语国家食品集散中心和中葡经贸合作会展中心）；重点发展特色金融，推动建设中葡金融服务平台；构建中葡双语人才培养基地、中葡文化交流及中葡青年创新创业交流中心。由此，为中国和葡语国家的人文交流、青年发展、人才培养、经贸合作提供多方面、全方位的服务。

（二）中葡经贸合作论坛促进贸易往来

中葡经贸合作论坛成立以来，中国与葡语国家贸易合作日益深化，经贸往来飞速发展。2003 年中国与葡语国家双边贸易额仅为 110 多亿美元，而后呈持续增长态势。2009 年由于受全球金融危机影响，双边贸易额有所下降但很快恢复。2014 年出现较快增长。2016 年中国与葡语国家双边贸易总额达 909 亿美元，约是 2003 年中葡经贸合作论坛首次举行时的 9 倍，[①] 截至 2019 年中葡贸易额均呈上升趋势。

中葡经贸合作论坛成立至今已有十六载，举办的系列活动也促进了中国与几内亚比绍的经贸往来，两国贸易额有所增长。根据澳门贸易投资促进局数据，2016 年几内亚比绍对中国进口总额为 2123.6 万美元，2018 年增长到 2983.2 万美元；2016 年中国

---

① 《澳门与葡语国家的关系》，澳门贸易投资促进局网站，https://m. ipim. gov. mo/zh-hant/market-information/portuguese-speaking-countries/the-relationship-between-macao-and-portuguese-speaking-countries/，最后访问日期：2019 年 11 月 24 日。

对几内亚比绍进口总额为 16.1 万美元，2018 年达到 763.9 万美元（见表 8 - 1）。2016 ~ 2018 年几内亚比绍对中国进口总额保持稳定，然而中国对几内亚比绍进口总额增长了 40 多倍。

表 8 - 1　2016 ~ 2018 年中国对几内亚比绍的进出口额

单位：万美元

年份	进出口总额	出口总额	进口总额
2016	2139.8	2123.6	16.1
2017	3412.7	3372.4	40.2
2018	3747.0	2983.2	763.9

注：出口总额指中国出口至几内亚比绍的货值，进口总额指中国从几内亚比绍进口的货值。

资料来源：《几内亚比绍》，澳门贸易投资促进局网站，https://m.ipim.gov.mo/zh-hant/market-information/portuguese-speaking-countries/portuguese-speaking-countries-briefing/guinea-bissau/，最后访问日期：2019 年 11 月 24 日。

二　多元文化打通民间渠道

（一）澳门平台奠定文化互通基础

由于历史原因，澳门与葡语国家在文化交流与合作上保持着紧密联系，同时澳门也是中西文化的交汇地，为中葡文化的交流奠定了坚实基础。在文化活动上，澳门举办多形式、多系列文艺活动丰富中葡文化内涵。2008 年"中国—葡语国家文化周"系列活动在澳门隆重创办，截至 2019 年已成功举办 11 届，中葡文化周活动是中葡文化汇演的盛典，是中葡文化交流的重要表现形式。每届活动中，来自葡语国家、澳门本地、中国内地的文化爱好者、艺术团体、民间艺人齐聚一堂，他们通过舞蹈、绘画、表演、美食和手工艺等多种形式展示各自特色，推进民间文化交流。此外，澳门还举办了葡韵嘉年华、相约澳门——中葡文化艺术节、城市节庆以及澳门国际幻彩大巡游等大型活动，提升了中国与葡语国家人民对文化艺术的认知。

澳门在教育合作和人才培养方面亦做出许多贡献。2017 年澳门成立"中葡双语教学暨培训中心"，并成功举办"葡萄牙文学工作坊""中葡口译工作坊""法律翻译短期课程"等；举办中国—葡语国家双语人才培养及教学研讨会，为中国与葡语国家学术教育界等提供合作交流平台。2018 年 5 月 25 日，中葡经贸合作论坛（澳门）常设秘书处与澳门城市大学签署合作框架协议，并举办"葡语国家概况"讲座，共同推进中葡双语人才培养基地的建设，发挥澳门作为中国与葡语国家文化纽带的积极作用。澳门以其独特的中西文化交融优势，联通中国与几内亚比绍及其他葡语国家的文化合作之路。

（二）澳门独特文化推动两国交流合作

中国与几内亚比绍在文化合作上保持着互动与交流。2016 年 12 月 8 日，在驻几内亚比绍中国大使馆内举办了"中国文化与美食"活动。驻几内亚比绍大使夫人卢健峰、几内亚比绍总统夫人玛利亚·瓦斯、驻几内亚比绍使节夫人和国际组织代表夫人等 20 余人参加，现场有精心编排的舞蹈和旗袍秀以及美食体验活动。该活动以现场互动和亲身体验的方式增进彼此之间的感情，加深中国与几内亚比绍之间的文化了解，推动两国文化交流与合作。

在教育合作领域，中国援助几内亚比绍建立友谊小学，帮助几内亚比绍发展教育。中国—几内亚比绍友谊小学是两国教育领域合作的具体成果，是中国和几内亚比绍两国人民友谊的结晶。中国已帮助几内亚比绍建立了三所小学——中国—几内亚比绍友谊小学巴法塔校区、中国—几内亚比绍友谊小学比绍校区、中国—几内亚比绍友谊小学卡谢乌校区，大大改善了几内亚比绍的教育条件。

（三）澳门桥梁助力两国教育发展

在原有合作基础上，中国与几内亚比绍应更加注重教育的合作与交流。以澳门为桥梁，开展中国与几内亚比绍之间的学术和教学理念交流；以澳门为媒介，培养中国与几内亚比绍更多的中葡双语人才，为两国的合作与交流奠定人才基础。此外，语言是文化的载体，是国家间相互交流的媒介。澳门协助国家在几内亚比绍建设了孔子学堂，推广汉语言文化，加深几内亚比绍人民对中国文化的了解，加强中国与几内亚比绍的教育、文化交流合作，发展中国与几内亚比绍的友好关系，促进多元文化发展，共同构建和谐世界。

三　"三个中心"　提供合作基础

澳门"三个中心"的建设推动了中国与几内亚比绍之间的合作与交流。在推动"中葡中小企业商贸服务中心"建设方面，澳门贸易投资促进局积极举办系列葡语国家工作坊、产品推介会、商业配对等活动，并为两国提供经贸信息及其他支持及配套服务，为促进中国与几内亚比绍中小企业合作付诸行动支持。"葡语国家食品集散中心"为几内亚比绍提供饮品及食品的展示平台，展示中心有驻场人员为企业提供配对、洽谈、商务交流等协助服务，为推动几内亚比绍同中国企业合作提供场地和人员支持。截至2019年，澳门国际投资展览会已成功举办24届，活动有展览、论坛、会议及商业配对等形式，有助于不断深化区域合作、助力中国与几内亚比绍企业的对接交流，为促进合作、创造商业合作机遇做出了努力。

四 旅游优势挖掘合作空间

澳门是世界旅游休闲中心，旅游业是澳门助力国家倡议，推动中国进入国际市场最具潜力和优势的领域，是深化中国与几内亚比绍合作交流的重要途径。几内亚比绍海岸线长约300千米，有80多个岛屿，年均气温为27℃，有众多天然风景资源，拥有发展旅游业的优越条件。澳门拥有独特的节庆文化，既有农历新年、土地诞、端午节等中国传统节庆，又有复活节、花地玛圣象巡游、圣诞节等西方节日的活动。此外，澳门已经发展旅游业多年，每年的游客数量都较为可观，并且在2017年被联合国教科文组织评定为"创意城市美食之都"，吸引着来自世界各地的旅游人士。因此，澳门与几内亚比绍可结合自身旅游特色，共同探索旅游合作策略，积极推进旅游合作事业的发展，带动几内亚比绍经济的进步，促进中国与几内亚比绍友好往来与合作。

参考文献

李广一编著《赤道几内亚—几内亚比绍—圣多美和普林西比—佛得角》，社会科学文献出版社，2007。

乔旋、李广一编著《几内亚比绍》，社会科学文献出版社，2018。

朱国平、邹晓荣、许柳雄、朱江峰：《旱季几内亚比索海域浮游动物的种类组成及其多样性》，《海洋水产研究》2008年第6期。

朱穆君、杨恒等：《几内亚比绍共和国农业生产现状》，《农业开发与装备》2012年第6期。

商务部国际贸易经济合作研究院、中国驻几内亚比绍共和国大使馆经济商务参赞处、商务部对外投资和经济合作司，《对外投资合作国别（地区）指南——几内亚比绍（2018年版）》，http://www.doc88.com/p-2834898930690.html，最后访问日期：2020年1月14日。

几内亚比绍驻华大使馆网站，http//bio-visa.com/program/com/guineacn/index.phpfile=detail.php&nowdir=&id=6369&detail=1，最后访问日期：2019年11月20日。

几内亚比绍政府网，http://www.gov.gw/index.php?lang=pt，最后访问日期：2019年11月15日。

中华人民共和国驻几内亚比绍共和国大使馆网站，http://gw.china-embassy.org/chn/，最后访问日期：2019 年 11 月 25 日。

《澳门与葡语国家的关系》，澳门贸易投资促进局网站，https://m.ipim.gov.mo/zh-hant/market-information/portuguese-speaking-countries/the-relationship-between-macao-and-portuguese-speaking-countries/，最后访问日期：2019 年 11 月 15 日。

《几内亚比绍总统任命新总理》，新华网，http://www.xinhuanet.com/world/2018 - 04/16/c_1122691699.htm，最后访问日期：2019 年 11 月 7 日。

《几内亚比绍光伏电站建设预计 7 月开始》，澳门贸易投资促进局网站，https://www.ipim.gov.mo/zh-hant/portuguese-speaking-countries-news-tc/2019 - 06 - 12 - construction-of-photo-voltaic-plant-in-guinea-bissau-expected-to-start-in-july/，最后访问日期：2019 年 11 月 15 日。

《几内亚比绍执政党赢得议会选举》，新华网，http://www.xinhuanet.com/world/2019 - 03/14/c_1124234155.htm，最后访问日期：2019 年 11 月 10 日。

《几内亚比绍举行议会选举》，新华网，http://www.xinhuanet.com/world/2019 - 03/11/c_1124217491.htm，最后访问日期：2019 年 12 月 6 日。

《几内亚比绍政治危机持续 总统解职总理职务遭后者拒绝》，新华网，http://www.xinhuanet.com/2019 - 10/30/c_1125173095.htm，最后访问日期：2019 年 12 月 7 日。

《几内亚比绍总统任命新总理》，新华网，http://www.xinhuanet.com/world/2018 - 04/16/c_1122691699.htm，最后访问日期：

2019 年 11 月 16 日。

《几内亚比绍国家概况》，中华人民共和国外交部网站，https：//www. fmprc. gov. cn/web/gjhdq＿676201/gj＿676203/fz＿677316/1206_677752/1206x0_677754/？from＝singlemessage&isappinstalled＝0，最后访问日期：2019 年 11 月 15 日。

《首都比绍》，中华人民共和国驻几内亚比绍共和国大使馆经济商务处网站，http：//gw. mofcom. gov. cn/article/ddgk/zwcity/201905/20190502863802. shtml，最后访问日期：2019 年 11 月 16 日。

《自然资源》，中华人民共和国驻几内亚比绍共和国大使馆经济商务处网站，http：//gw. mofcom. gov. cn/article/ddgk/zwqihou/201205/20120508156467. shtml，最后访问日期：2019 年 11 月 17 日。

《几内亚比绍国营石油公司与奈及利亚 Portplus 签署共同勘探石油的协议》，中华人民共和国驻几内亚比绍共和国大使馆经济商务处网站，http：//www. mofcom. gov. cn/article/i/jyjl/k/201511/20151101195389. shtml，最后访问日期：2019 年 11 月 18 日。

《腰果经济》，中华人民共和国驻几内亚比绍共和国大使馆经济商务处网站，http：//gw. mofcom. gov. cn/article/ddgk/zwjingji/201905/20190502863807. shtml，最后访问日期：2019 年 11 月 20 日。

《非洲腰果走俏世界》，中华人民共和国商务部网站，http：//www. mofcom. gov. cn/article/i/jyjl/k/201110/20111007767369. shtml，最后访问日期：2019 年 11 月 20 日。

《关于几内亚比绍资源情况》，中华人民共和国驻几内亚比绍共和国大使馆经济商务处网站，http：//gw. mofcom. gov. cn/article/ztdy/200301/20030100063647. shtml，最后访问日期：2019 年 11 月 19 日。

《几内亚比绍举行议会选举》，新华网，http://www.xinhuanet.com/world/2019－03/11/c_1124217491.htm，最后访问日期：2019年11月6日。

《几内亚比绍》，中国领事服务网，http://cs.mfa.gov.cn/zggmcg/ljmdd/fz_648564/jnybs_649683/，最后访问日期：2019年11月9日。

《几比将从2017年开始实施新的腰果出口规定》，中华人民共和国驻几内亚比绍共和国大使馆经济商务处网站，http://gw.mofcom.gov.cn/，最后访问日期：2019年12月6日。

《加拿大GB矿业宣布将于2018年在几比开采磷矿》，中华人民共和国驻几内亚比绍共和国大使馆经济商务处网站：http://gw.mofcom.gov.cn/，最后访问日期：2019年12月6日。

《世界银行资助几比建地下水井改善国家供水条件》，中华人民共和国驻几内亚比绍共和国大使馆经济商务处网站，http://gw.mofcom.gov.cn/，最后访问日期：2019年12月6日。

《几比对外贸易的法规和政策规定》，中华人民共和国驻几内亚比绍共和国大使馆经济商务处网站，http://gw.mofcom.gov.cn/article/ddfg/201103/20110307452693.shtml，最后访问日期：2019年12月6日。

《比绍实施西非国家经济共同体共同关税政策》，中华人民共和国驻几内亚比绍共和国大使馆经济商务处网站，http://gw.mofcom.gov.cn/article/ddfg/201103/20110307452693.shtml，最后访问日期：2019年12月6日。

《几内亚比绍2015年上半年发生410起交通事故》，中华人民共和国驻几内亚比绍共和国大使馆经济商务处网站，http://gw.mofcom.gov.cn/article/jmxw/201510/20151001139734.shtml，最后访问日期：2019 年 11 月 15 日。

《几内亚比绍建成 22 公里乡村初级公路》，中国对外承包工程商会
　　网站，http://www.chinca.org/CICA/info/37978，最后访问日
　　期：2019 年 11 月 15 日。

《西非公路安全组织资助几内亚比绍交通局 1500 万美元》，中华人民共
　　和国驻几内亚比绍共和国大使馆经济商务处网站，http://gw.mof-
　　com.gov.cn/article/jmxw/201907/20190702881389.shtml，最后访问
　　日期：2019 年 11 月 15 日。

《几内亚比绍政府将启动实施格博 - 博凯公路建设项目》，中华人民
　　共和国驻几内亚比绍共和国大使馆经济商务处网站，http://
　　gw.mofcom.gov.cn/article/jmxw/201908/20190802892408.shtml，
　　最后访问日期：2019 年 11 月 15 日。

《几内亚比绍政府投资 3 亿西法维修比绍机场跑道》，中华人民共和
　　国驻几内亚比绍共和国大使馆经济商务处网站，http://gw.mof-
　　com.gov.cn/article/jmxw/201711/20171102664016.shtml，最后访
　　问日期：2019 年 11 月 15 日。

《西非开发银行将援助几比维修奥斯瓦尔多·维埃拉国际机场》，
　　中华人民共和国驻几内亚比绍共和国大使馆经济商务处网站，
　　http://gw.mofcom.gov.cn/article/jmxw/201903/20190302843483.
　　shtml，最后访问日期：2019 年 11 月 15 日。

《几内亚比绍首都缺电现象严重》，中华人民共和国驻几内亚比绍
　　共和国大使馆经济商务处网站，http://gw.mofcom.gov.cn/arti-
　　cle/jmxw/201711/20171102664015.shtml，最后访问日期：2019
　　年 11 月 15 日。

《伊朗准备在几内亚比绍建设电站》，中国对外承包工程商会网站，

http://www.chinca.org/CICA/info/45975，最后访问日期：2019年11月15日。

《几内亚比绍启动 22MW 电力容量招标》，中国对外承包工程商会网站，http://www.chinca.org/CICA/info/19040211123311，最后访问日期：2019 年 11 月 15 日。

《几内亚比绍政府实施"紧急施政纲领"（2019.7—2020.1)》，中华人民共和国驻几内亚比绍共和国大使馆经济商务处网站，http://gw.mofcom.gov.cn/article/ddfg/201910/2019100290330 7.shtml，最后访问日期：2019 年 11 月 15 日。

《中国援几内亚比绍"光明行"项目惠及几比民众》，中华人民共和国驻几内亚比绍共和国大使馆经济商务处网站，http://gw.mofcom.gov.cn/article/jmxw/201808/20180802780756.shtml，最后访问日期：2019 年 11 月 15 日。

《几比 90% 的海关员工参加大罢工》，中华人民共和国驻几内亚比绍共和国大使馆经济商务处网站，http://gw.mofcom.gov.cn/article/jmxw/201603/20160301267992.shtml，最后访问日期：2019 年 11 月 15 日。

《几比国家广播电台开始为期四天的罢工》，中华人民共和国驻几内亚比绍共和国大使馆经济商务处网站，http://gw.mofcom.gov.cn/article/jmxw/201702/20170202521196.shtml，最后访问日期：2019 年 11 月 15 日。

《几内亚比绍葡文大学毕业 233 名学生》，中华人民共和国驻几内亚比绍共和国大使馆经济商务处网站，http://gw.mofcom.gov.cn/article/jmxw/201208/20120808279623.shtml，最后访问日期：2019 年 11 月 24 日。

《几内亚比绍科利纳斯德博埃大学 41 名学生毕业》，中华人民共和国
　　驻几内亚比绍共和国大使馆经济商务处网站，http：∥gw. mof-
　　com. gov. cn/article/jmxw/201304/20130400104038. shtml，最后访
　　问日期：2019 年 11 月 24 日。

《第三批几内亚比绍葡萄牙语大学生获得毕业证书》，中华人民共和
　　国驻几内亚比绍共和国大使馆经济商务处网站，http：∥gw. mof-
　　com. gov. cn/article/jmxw/201308/20130800238735. shtml，最后访
　　问日期：2019 年 11 月 12 日。

《安哥拉政府向几内亚比绍电视台提供新闻器材和技术援助》，中
　　华人民共和国驻几内亚比绍共和国大使馆经济商务处网站，
　　http：∥gw. mofcom. gov. cn/article/jmxw/201207/20120708227941.
　　shtml，最后访问日期：2019 年 11 月 12 日。

《澳门广播电视有限公司与几内亚比绍通讯社签署新闻人员培训协议》，
　　中华人民共和国驻几内亚比绍共和国大使馆经济商务处网站，ht-
　　tp：∥gw. mofcom. gov. cn/article/jmxw/201311/20131100381931. shtml，
　　最后访问日期：2019 年 11 月 12 日。

《几内亚比绍举办第七届全国青少年运动会》，中华人民共和国驻几内
　　亚比绍共和国大使馆经济商务处网站，http：∥gw. mofcom. gov. cn/
　　article/jmxw/201504/20150400937432. shtml，最后访问日期：2019
　　年 11 月 13 日。

《几内亚比绍派代表团参加 2016 年里约奥运会》，中华人民共和国
　　驻几内亚比绍共和国大使馆经济商务处网站，http：∥gw. mofcom.
　　gov. cn/article/jmxw/201608/20160801375653. shtml，最后访问
　　日期：2019 年 11 月 13 日。

《几内亚比绍国家足球队奔赴加蓬征战 2017 年非洲国家杯》，中华人

民共和国驻几内亚比绍共和国大使馆经济商务处网站，http://
gw. mofcom. gov. cn/article/jmxw/201701/20170102499095. shtml，
最后访问日期：2019 年 11 月 14 日。

《几内亚比绍克瓦梅·恩克卢马国立中学 2017 学年失学率超过一半》，
中华人民共和国驻几内亚比绍共和国大使馆经济商务处网站，ht-
tp://gw. mofcom. gov. cn/article/jmxw/201808/20180802780653. shtml，
最后访问日期：2019 年 11 月 14 日。

《无国界记者组织公布 2013 媒体自由指数》，中华人民共和国驻几内亚
比绍共和国大使馆经济商务处网站，http://gw. mofcom. gov. cn/ar-
ticle/jmxw/201301/20130100018775. shtml，最后访问日期：2019 年
11 月 14 日。

《MTN 通讯公司将投资 3400 万西非法郎帮助几比足球队参加非洲
杯选拔赛》，中华人民共和国驻几内亚比绍共和国大使馆经
济商务处网站，http://gw. mofcom. gov. cn/article/jmxw/201206/
20120608177598. shtml，最后访问日期：2019 年 11 月 16 日。

《中国同几内亚比绍的关系》，中华人民共和国外交部网站，https://
www. fmprc. gov. cn/web/gjhdq _ 676201/gj _ 676203/fz _ 677316/
1206_677752/sbgx_677756/，最后访问日期：2019 年 12 月 6 日。

《几内亚比绍共和国》，世界银行网站，http://data. worldbank. org. cn/
country/guinea-bissau? Display = map，最后访问日期：2019 年 11 月
15 日。

Sollemnibus Conventionibus，《宗座公报》，梵蒂冈出版社，1941。

"Enquête nationale sur le travail des enfants en Guinée-Bissau"，几内
亚比绍国家统计局网站，http://www. stat-guinebissau. com/，最
后访问日期：2019 年 11 月 24 日。

"The World Factbook—Guinea Bissau", https：//www. cia. gov/library/
publications/resources/the-world-factbook/geos/pu. html, 最 后 访
问 日 期：2019 年 11 月 15 日。

"The State of the World's Children 2019：The Changing Face of Malnutri-
tion", Statistical Tables, Table 11—Child Protection, https：//
data. unicef. org/resources/dataset/sowc – 2019 – statistical-tables/,
最后访问日期：2019 年 11 月 15 日。

"The State of the World's Children 2019：The Changing Face of Malnutri-
tion", Statistical Tables, Table 10—Education, https：//data.
unicef. org/resources/dataset/sowc – 2019 – statistical-tables/, 最 后
访问日期：2019 年 11 月 15 日。

IOANNES PAULUS EPISCOPUS SERVUS SERVORUM DEI AD PERPET-
UAM REI MEMORIAM, http：//www. vatican. va/content/john-paul-
ii/la/apost_constitutions/documents/hf_jp – ii_apc_20010313_cum-
ad-fovendam. html, 最后访问日期：2019 年 11 月 18 日。

Economic Community of West African States, https：//www. ecowas. int/
ecowas-mission-observes-the-presidential-election-in-guinea-bissau/,
最后访问日期：2019 年 11 月 28 日。

World Trade Organizition, https：//www. wto. org/english/thewto _ e/
whatis_e/tif_e/org6_e. htm, 最后访问日期：2019 年 12 月 7 日。

附　录

1446～2020 年几内亚比绍大事记

被殖民统治时期	
1446 年	葡萄牙殖民者侵入博拉马岛。
1588 年	葡萄牙殖民者在卡谢乌建立了贸易站。
1640 年	葡萄牙殖民者在法林建立了贸易站。
1686 年	葡萄牙殖民者在比绍建立了贸易站。
1836 年	佛得角成立了殖民政府，几内亚比绍受该岛总督管辖。
1879 年	葡萄牙当局把几内亚比绍从佛得角划出，派驻总督，定都博拉马，从此几内亚比绍正式沦为葡萄牙殖民地。
争取独立时期	
1908 年	在博拉马爆发了席卷全境的大规模起义。
1913～1915 年	葡萄牙当局派特萨拉·平托少校率军"绥靖"。
1951 年	葡萄牙当局把几内亚比绍定为其"海外省"，并派驻总督统治。
1956 年 9 月 19 日	阿米尔卡·卡布拉尔等人一起组建了几内亚和佛得角非洲独立党。
1959 年 8 月 3 日	比绍比基吉迪码头工人在几内亚和佛得角非洲独立党的领导下举行罢工，遭殖民军开枪射击，酿成惨案，此后几内亚比绍人民逐渐投入到武装反抗殖民统治的行列中来。

续表

1960 年	阿米尔卡·卡布拉尔率几内亚和佛得角非洲独立党代表团访华。
1961 年	路易斯·卡布拉尔参与创建几内亚比绍全国劳动者联盟的外围组织,并担任总书记。
1963 年 1 月 23 日	几内亚和佛得角非洲独立党领导游击队袭击蒂特市的殖民军,打响了武装斗争的第一枪,正式揭开了几内亚比绍人民武装反抗殖民统治的序幕。
1964 年 11 月 16 日	几内亚和佛得角非洲独立党决定成立人民革命武装部队。
1972 年	阿米尔卡·卡布拉尔率几内亚和佛得角非洲独立党代表团访华。
1973 年 3 月	几内亚比绍国家通讯社成立。
1973 年	路易斯·卡布拉尔担任几内亚和佛得角非洲独立党副总书记。
1973 年 1 月 20 日	阿米尔卡·卡布拉尔遭到暗杀。
1973 年 9 月 24 日	几内亚比绍第一届全国人民议会宣布几内亚比绍共和国正式成立并颁布宪法,选举路易斯·卡布拉尔为国务委员会主席,并将东南地区的博埃村作为几内亚比绍的临时首都。
独立统治时期	
1974 年 3 月 15 日	中华人民共和国与几内亚比绍共和国签署建交公报,建立外交关系。
1974 年 9 月	几内亚比绍国家广播电台成立。
1974 年 9 月 10 日	葡萄牙当局宣布自当日起在法律上承认几内亚比绍共和国,葡萄牙武装部队将在 1974 年 10 月 31 日前全部撤出几内亚比绍共和国领土,双方在外交、财政、文化、经济和技术以及其他方面进行合作。
1974 年 9 月 24 日	几内亚比绍同塞内加尔建立外交关系。
1975 年	几内亚比绍同法国建立外交关系。
1976 年	几内亚比绍同美国建立外交关系。

1977 年 11 月	几内亚和佛得角非洲独立党第三次代表大会确定几内亚和佛得角非洲独立党为几内亚比绍和佛得角两国共同的政党。
1981 年 1 月 20 日	几内亚和佛得角非洲独立党佛得角全国委员会另立佛得角非洲独立党。从此，一党两国的状况宣告结束。
1981 年 11 月	总理若奥·贝尔纳多·维埃拉领导武装力量，发动"调整运动"，推翻了以路易斯·卡布拉尔为国务委员会主席的政府，接管政权，由他担任革命委员会主席、政府首脑和武装部队最高统帅。几内亚比绍召开几内亚和佛得角非洲独立党的全国委员会第一次特别代表大会，决定沿用原名，并通过了新的党章和党纲。
1982 年	若奥·贝尔纳多·维埃拉率团访问中国。
1982 年	几内亚比绍与佛得角两国关系正常化。
1984 年 5 月 17 日	几内亚比绍新宪法出台，这是几内亚比绍第二部宪法。
1984 年 5 月	若奥·贝尔纳多·维埃拉当选国务委员会主席。
1985 年 11 月	几内亚比绍第一副总统科尔·保罗·科雷亚和一些高级军官由于涉嫌策划军事政变而被捕。
1986 年 8 月	几内亚比绍政府取消了贸易限制，允许私人公司开展进出口业务。
1987 年	若奥·贝尔纳多·维埃拉政府同国际货币基金组织合作，对经济结构进行调整，根据国家发展的实际需要和经济效益来调整工业和基础项目，整顿商业。
1989 年 6 月	若奥·贝尔纳多·维埃拉连任国务委员会主席兼政府首脑，开始了他的第二个五年执政期。
1989 年 11 月 14 日	几内亚比绍国家电视台正式开播。
1990 年	昆巴·亚拉创建社会民主阵线党。
1990 年 5 月 26 日	几内亚比绍与中国台湾地区建立所谓"外交关系"。
1990 年 5 月 31 日	中国宣布中止同几内亚比绍的外交关系。
1991 年 1 月 21 日	几内亚和佛得角非洲独立党举行第二次特别代表大会，决定深化民主、开放多党政治。

1991 年 5 月	几内亚比绍全国人民议会特别会议对宪法进行了修改，通过了建立多党制的法律，正式终结了几内亚比绍一党制的历史，并终止了几内亚和佛得角非洲独立党一党专政的政治领导地位。
1992 年 1 月	昆巴·亚拉创建社会革新党并任主席。
1992 年 3 月	大约 3 万人在比绍举行了一次示威运动，这是首次在政府允许下进行的示威运动。
1993 年 2 月	几内亚比绍全国人民议会通过决议，从立法上促进几内亚比绍向多元民主政体的转变。
1994 年 9 月 29 日	维埃拉宣誓就任总统。
1998 年 4 月 23 日	中国、几内亚比绍两国政府签署了《中华人民共和国和几内亚比绍共和国关于恢复外交关系的联合公报》。
1998 年 5 月	几内亚和佛得角非洲独立党第六次党代会召开，会议上，若奥·贝尔纳多·维埃拉再次当选为党主席，而党的总书记这一职位被取消。
1998 年 6 月	几内亚比绍军队前总参谋长安苏马内·马内率兵发动叛乱，并成立以他为首的"巩固民主、和平和正义军事委员会"要求维埃拉总统辞职。
1998 年	以马内为首的叛军与忠于维埃拉总统的军队展开了激战，超过 3000 名外国人乘船被疏散到塞内加尔，数十万人为躲避战火，逃离家园，沦为难民，这引发了严重的人道主义危机。国际救援组织为难民提供了食物和医疗用品。
1998 年 7 月	在西非国家经济共同体和葡语国家共同体两个国际组织的联合斡旋下，几内亚比绍交战双方达成了休战协定。
1998 年 10 月	由于几内亚比绍双方在外国军队撤军和建立民族团结政府等问题上存在严重分歧，内战再度爆发。反政府武装在 10 月 18 日至 21 日短短的 4 天时间内，占领了包括巴法塔在内的东部大部分地区，使局势进一步恶化。
1998 年 11 月 1 日	维埃拉总统和反政府武装领导人、前武装部队总参谋长安苏马内·马内将军正式签署了《阿布贾和平协定》。

1999 年 5 月 7 日	军委会武力推翻若奥·贝尔纳多·维埃拉总统，若奥·贝尔纳多·维埃拉逃往葡萄牙大使馆寻求庇护。
1999 年 5 月 10 日	若奥·贝尔纳多·维埃拉签署命令宣布无条件投降
1999 年 7 月	几内亚比绍宪法修正案得以通过。该法案规定：几内亚比绍总统只能连任两届，废止死刑，几内亚比绍的主要领导人必须由几内亚比绍本土居民担任。
1999 年 9 月	几内亚和佛得角非洲独立党召开特别会议开除了若奥·贝尔纳多·维埃拉的党籍，同时被开除出党的还有前总理卡洛斯·科雷亚和他任期内的五名部长，而在职的国防与祖国解放战士部长弗朗西斯科·贝南特被推选为党的主席。
1999 年 11 月 28 日	几内亚比绍举行总统大选和议会选举。在首轮总统竞选中没有一位总统候选人的得票数超过总票数的 50%。
2000 年 1 月 16 日	几内亚比绍第二轮总统选举开始，昆巴·亚拉获得了 72% 的选票，击败了得票 28% 的萨尼亚。
2000 年 2 月 17 日	昆巴·亚拉宣誓就任几内亚比绍总统。
2000 年 11 月	安苏马内·马内扬言要对政府动武，战事一触即发，但最终多数将领倒戈支持亚拉政权，安苏马内·马内被击毙。
2002 年 12 月	昆巴·亚拉总统率团访华。
2003 年 9 月 14 日	几内亚比绍武装部队总参谋长韦里西莫·科雷亚·塞亚布拉领导军队发动军事政变，宣布成立"恢复宪法和民主秩序军事委员会"，接管国家权力，塞亚布拉自任军委会主席。几内亚比绍总统昆巴·亚拉和总理马里奥·皮雷斯均被捕。
2003 年 9 月 23 日	几内亚比绍政变军方宣布任命企业家、无党派人士恩里克·佩雷拉·罗萨为几内亚比绍过渡总统，任命前内政部长、社会革新党总书记阿图尔·萨尼亚为过渡政府总理。
2003 年	几内亚比绍第一所私立大学科利纳斯德博埃大学成立。
2003 年 11 月	几内亚比绍过渡总统恩里克·佩雷拉·罗萨访问几内亚。

2004 年 1 月	恩里克·佩雷拉·罗萨总统赴几内亚出席几内亚总统兰萨纳·孔戴连任就职仪式。
2004 年 1 月	几内亚比绍第一所公立大学阿米尔卡·卡布拉尔大学（UAC）成立。
2004 年 3 月 28 日	几内亚比绍举行议会选举。几内亚和佛得角非洲独立党获得 102 个议席中的 45 席，原执政党社会革新党获 35 席，团结社会民主党获 17 席。
2004 年 5 月 9 日	恩里克·佩雷拉·罗萨总统任命几内亚和佛得角非洲独立党主席卡洛斯·戈梅斯为总理。
2004 年 10 月 6 日	部分曾参加联合国利比里亚维和行动的士兵在首都比绍发动哗变，要求发放拖欠的维和津贴以及其他薪饷，并杀害了塞亚布拉。
2005 年 6 ~ 7 月	几内亚比绍举行了总统选举。经过两轮投票，作为独立候选人参选的几内亚比绍前领导人若奥·贝尔纳多·维埃拉最终赢得了大选。
2005 年 8 月	几内亚比绍总统若奥·贝尔纳多·维埃拉对几内亚、塞内加尔进行了私人访问。
2005 年 10 月 1 日	若奥·贝尔纳多·维埃拉宣誓就任几内亚比绍新一届总统。
2006 年 4 月	若奥·贝尔纳多·维埃拉总统赴塞内加尔出席塞内加尔独立日庆典暨瓦德总统就职典礼。
2006 年 7 月	几内亚比绍举办第六届葡共体首脑会议。
2006 年 10 月	若奥·贝尔纳多·维埃拉总统访华并出席中非合作论坛北京峰会。
2007 年 2 月	若奥·贝尔纳多·维埃拉总统赴法国出席第 24 届法非首脑会议。
2007 年 2 月	若奥·贝尔纳多·维埃拉总统访问安哥拉和几内亚。
2008 年 3 月	若奥·贝尔纳多·维埃拉总统出席了在塞内加尔首都达喀尔举行的伊斯兰会议组织第 11 届首脑会议。
2008 年 3 月	若奥·贝尔纳多·维埃拉总统访问几内亚。

2008 年 6 月	若奥·贝尔纳多·维埃拉总统访问安哥拉。
2008 年 9 月	若奥·贝尔纳多·维埃拉总统访华并出席北京残奥委会闭幕式。
2008 年 10 月	若奥·贝尔纳多·维埃拉总统访问几内亚。
2008 年 12 月	若奥·贝尔纳多·维埃拉总统赴几内亚出席兰萨纳·孔戴总统葬礼。
2009 年 3 月 1 日	几内亚比绍武装部队总参谋长巴蒂斯塔·塔格梅·纳·瓦伊在武装部队总部大楼发生的爆炸中被炸死。
2009 年 3 月 2 日	若奥·贝尔纳多·维埃拉遇袭身亡。
2009 年 7 月 29 日	执政的几内亚和佛得角非洲独立党候选人马兰·巴卡伊·萨尼亚在第二轮总统选举中获胜。
2009 年 9 月 8 日	萨尼亚在首都比绍宣誓就任几内亚比绍总统。
2009 年 10 月	几内亚比绍与塞内加尔边境地区再次出现纠纷,两国经过协商谈判,达成共识,发表联合公告,决定重启双方中断 16 年的合作混委会,共同打击边界地区非法活动。
2010 年 4 月 1 日	几内亚比绍军队副总参谋长安东尼奥·因贾伊发动政变,总理卡洛斯·戈梅斯、军队总参谋长萨莫拉·因杜塔和内政部长等人被政变军人劫持。
2010 年 5 月	马兰·巴卡伊·萨尼亚总统赴法出席第 25 届法非首脑会议。
2010 年 12 月	马兰·巴卡伊·萨尼亚总统出席巴西新总统罗塞夫的就职典礼。
2011 年 9 月	马兰·巴卡伊·萨尼亚总统赴佛得角出席佛前总统佩雷拉葬礼。
2012 年 1 月 9 日	几内亚比绍总统马兰·巴卡伊·萨尼亚因糖尿病并发症在法国巴黎瓦勒德格拉斯医院逝世,享年 64 岁。
2012 年 4 月 12 日	几内亚比绍军队在副总参谋长与军区主席马马杜·图里库鲁玛主导下发动政变。代理总统佩雷拉和前总理、总统选举第二轮投票候选人戈梅斯被逮捕。

2012 年 5 月	在国际社会压力下，政变军方与西非国家经济共同体达成一致，由代议长马努埃尔·塞里富·尼亚马若担任过渡总统，同意西共体派兵维护宪政。
2013 年 4 月	美国特工以涉嫌贩毒为由抓捕几内亚比绍前海军参谋长若泽·阿梅里科·布博·纳·楚托并将其押解至纽约候审，几内亚比绍过渡政府对此表示不满。
2014 年 2 月 21 日	临时总统马努埃尔·塞里富·尼亚马若签署总统令，决定将原定 3 月 16 日举行的大选推迟到 4 月 13 日举行。
2014 年 4 月 4 日	几内亚比绍前总统昆巴·亚拉因心脏病发作在家中去世，过渡总统马努埃尔·塞里富·尼亚马若宣布 4 月 5~7 日为全国哀悼日，停止所有竞选活动。
2014 年 4 月 13 日	几内亚比绍总统大选开始首轮投票，几内亚和佛得角非洲独立党候选人、前经济与财政部长若泽·马里奥·瓦斯和独立候选人努诺·戈梅斯·纳比亚姆分别获得 40.9% 和 25.1% 的选票。
2014 年 5 月 20 日	几内亚比绍全国选举委员会主席宣布了第二轮总统大选结果，若泽·马里奥·瓦斯战胜对手纳比亚姆，赢得了第二轮总统选举的胜利。
2014 年 6 月	瓦斯总统在正式就职前访问葡萄牙，会见葡总统席尔瓦。同月，瓦斯总统赴安哥拉出席非洲葡语国家峰会，并访问几内亚、塞内加尔。
2014 年 6 月 23 日	若泽·马里奥·瓦斯宣誓任职总统。
2014 年 7 月 4 日	若泽·马里奥·瓦斯主持政府就职仪式，并公布了新内阁名单。
2014 年 7 月	非盟正式恢复几内亚比绍成员国资格。
2014 年 8 月	若泽·马里奥·瓦斯总统出席首届美非峰会。
2015 年 1 月	若泽·马里奥·瓦斯总统赴巴西出席罗塞夫总统连任就职仪式。
2015 年 8 月 12 日	若泽·马里奥·瓦斯总统宣布解散总理佩雷拉领导的政府。
2015 年 9 月 17 日	若泽·马里奥·瓦斯任命卡洛斯·科雷亚为新一届政府总理。

2016 年 5 月	若泽·马里奥·瓦斯总统再次宣布解散政府。
2016 年 6 月 2 日	若泽·马里奥·瓦斯总统任命巴西罗·贾为总理。
2016 年 11 月 18 日	若泽·马里奥·瓦斯总统发布总统令，任命前总统顾问乌马罗·西索科·恩巴洛为新总理，接替 11 月 14 日被解职的巴西罗·贾。
2016 年 12 月 13 日	由恩巴洛任总理的新政府组成，包括 24 位部长和 13 位国务秘书。
2017 年 12 月	在西非国家经济共同体峰会上，领导人向几内亚比绍政府发出最后通牒，如政府在 1 月 16 日前仍无法遵循相关政治协议，提名几内亚比绍各党派都认同的总理人选，西非国家经济共同体将对几内亚比绍各政治人物实施制裁。
2018 年 2 月 1 日	西非国家经济共同体高级代表团在几内亚比绍首都宣布，因几内亚比绍不遵守《科纳克里协议》，西非国家经济共同体对其政治个人及团体的制裁从当天起正式生效。
2018 年 4 月 16 日	几内亚比绍总统若泽·马里奥·瓦斯颁布总统令，正式任命阿里斯蒂德斯·戈梅斯为政府总理，其首要任务是组建政府，为议会选举做准备。
2018 年 9 月 5 日	几内亚比绍总统若泽·马里奥·瓦斯访问中国。
2018 年 9 月 24 日	几内亚比绍驻澳门名誉领事馆正式启用。
2019 年 3 月 10 日	几内亚比绍举行议会选举，共有 21 个党派参加此次议会选举，其中包括现任总统若泽·马里奥·瓦斯所在的几内亚和佛得角非洲独立党和最大反对党社会革新党。
2019 年 3 月 13 日	几内亚比绍全国选举委员会公布全国人民议会选举的结果，现任总统若泽·马里奥·瓦斯所在的几内亚和佛得角非洲独立党获得 102 个议会席位中的 47 席，成为此次选举的最大赢家。
2019 年 10 月 29 日	几内亚比绍总统若泽·马里奥·瓦斯颁布总统令，任命前总理、人民宣言党资深成员福斯蒂诺·法杜特·因巴利为新总理，以取代 10 月 28 日晚被其解除职务的阿里斯蒂德斯·戈梅斯。
2020 年 1 月 1 日	乌马罗·西索科·恩巴洛正式当选为几内亚比绍总统。

图书在版编目(CIP)数据

几内亚比绍国情报告/叶桂平,王心编著. -- 北京:
社会科学文献出版社,2020.6
ISBN 978 - 7 - 5201 - 6885 - 4

Ⅰ.①几… Ⅱ.①叶… ②王… Ⅲ.①几内亚比绍 -
研究报告 Ⅳ.①K945.2

中国版本图书馆 CIP 数据核字(2020)第 122034 号

几内亚比绍国情报告

编　著/叶桂平　王　心

出 版 人/谢寿光
责任编辑/张　萍
文稿编辑/李　璐

出　　版/社会科学文献出版社·当代世界出版分社 (010)59367004
　　　　　地址:北京市北三环中路甲 29 号院华龙大厦　邮编:100029
　　　　　网址:www. ssap. com. cn
发　　行/市场营销中心 (010)59367081　59367083
印　　装/三河市东方印刷有限公司

规　　格/开本:787mm × 1092mm　1/16
　　　　　印张:11.25　插页:0.5　字数:125 千字
版　　次/2020 年 6 月第 1 版　2020 年 6 月第 1 次印刷
书　　号/ISBN 978 - 7 - 5201 - 6885 - 4
定　　价/98.00 元